iyi ki kit

TİMAŞ YAYINLARI

İstanbul 2019

timas.com.tr

0-6 Yaş Dönemi Çocuk Eğitiminde 100 Temel Kural
Adem Güneş

Aile Çocuk

TİMAŞ YAYINLARI | 3837
Aile Eğitimi Dizisi | 38

YAYIN YÖNETMENİ
İhsan Sönmez

EDİTÖR
Seval Akbıyık

KAPAK TASARIMI
Ravza Kızıltuğ

1. BASKI
Haziran 2015, İstanbul

14. BASKI
Mart 2019, İstanbul

ISBN
ISBN 978-605-08-2003-4

9 786050 820034

TİMAŞ YAYINLARI
Cağaloğlu, Alemdar Mahallesi,
Alayköşkü Caddesi, No:5, Fatih/İstanbul
Telefon: (0212) 511 24 24

timas.com.tr
timas@timas.com.tr
 timasyayingrubu

Kültür Bakanlığı Yayıncılık
Sertifika No: 12364

BASKI VE CİLT
WPC Matbaacılık
Osmangazi Mah. Mehmet Deniz Kopuz Cad.
No:17-1 Esenyurt / İstanbul
Telefon: (0212) 886 83 30
Matbaa Sertifika No: 35428

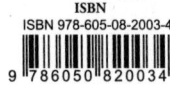

0-6 YAŞ DÖNEMİ ÇOCUK EĞİTİMİNDE
100 TEMEL KURAL

Pedagog Adem Güneş

Yayına Hazırlayan: Gonca Anıl

TİMAŞ

Adem Güneş

Adem Güneş 1969'da Ankara'da doğdu.

İlk, orta ve lise eğitimini Türkiye'de tamamladıktan sonra Rotterdam Üniversitesi Pedagoji bölümünden mezun oldu.

Yüksek Lisansını Sosyoloji bölümünde yaptı. Doktora eğitimini Sakarya Üniversitesi Rehberlik ve Psikoloji Danışmanlık Bölümü'nde 'Bağlanma Terapisi' üzerine çalıştı. Süleyman Demirel Üniversitesi'nde Aile Danışmanlığı, ABD'de "Bağlanma Terapisi" eğitimi aldı. WISC-R (WECHLER Çocuklar İçin Zekâ Ölçeği) GESEL, METROPOLİTAN, PEABODY, AGTE Testleri Uygulama, Yorumlama ve Raporlama eğitimleri aldı.

Hollanda'da ve Belçika'da Alternatif Eğitim sistemlerini (Montessori, Waldorf, Reggio Emilia, Ferber) inceledi. Montessori Eğitimi sertifikası sahibi olan Güneş, 'Eğiticilerin Eğitimi' programları düzenledi. İstanbul Bahçelievler'de 20 Devlet Okulu'nun 40 sınıfın Montessori Eğitim Sistemi'ne dönüşmesi projesini yürüttü. Türkiye Bilimsel ve Teknolojik Araştırma Kurumu (TÜBİTAK) tarafından yürütülen Çocuk Erken Tanı Uyarı Sistemi (ÇETUS) projesinde yer aldı. TRT Çocuk ve Türk Telekom'da proje danışmanlığı yaptı.

Güneş'in Çocuk Eğitimi yaklaşımı, İngiliz Bristol Üniversitesi'nde araştırma konusu oldu.

Çeşitli dergilerde çocuk eğitimine ait yazılar kaleme aldı, ulusal radyo kanallarında çocuk eğitimi programları yaptı.

Türkiye Çocuk Zirvesi tarafından Çocuk Dostu Ödülü, Medya Etik Konseyi tarafından Aile ve Çocuk Programları Medya Etik Ödülü ve Çanakkale 18 Mart Üniversitesi Senatosu tarafından Fahri Doktora Unvanı verildi.

Adem Güneş Uluslararası Aile Terapisi Derneği (IFTA-International Family Therapy Association), Amerikan Psikologlar Derneği (APA-American Psychological Association), Oyun Terapisi Derneği (APT-Association for Play Therapy) ve Amerikan Danışmanlar Derneği (ACA-American Counseling Association) üyesidir.

Pedagojik Danışman ve Aile Danışmanı olan Güneş halen *Baby&You*, *Mother&Baby* ve *Aktüel Yaşam* dergilerinde yazmaktadır.

Yayınlanmış 21 Türkçe, 2 İngilizce eseri bulunan Güneş, "Çocuğa duyarlılığın artmasının toplumsal iyi oluşa katkı sağlayacağını" vurgulamaktadır.

Adem Güneş evli ve dört çocuk babasıdır.

Yayınlanmış Eserleri:

Türkçe

Cezasız Eğitim

Cezasız Eğitim-2 / Edinerek Öğrenme ve Pratik Uygulamalar

Adım Adım Çocuklarda Cinsel Eğitim

Ergenlik Döneminde 100 Temel Kural

7-14 Yaş Dönemi Çocuk Eğitiminde 100 Temel Kural

0-6 Yaş Dönemi Çocuk Eğitiminde 100 Temel Kural

Çocuk Eğitiminde 100 Temel Kural

Çocuk Neyi Neden Yapar 2

Çocuk Neyi Neden Yapar

Çocuk Deyip Geçmeyin

Aile ile Bağlanma / Aidiyet

Güvenli Bağlanma

Mahremiyet Eğitimi

Doğal Ebeveynlik

Çocukluk Sırrı

Doğru Bilinen Yanlışlar

Pozitif İletişim

Annelik Sanatı

Tatil Sürecinde Çocuk Eğitimi

Rahat Bırakın Beni

Bilmezsen Korkarsın Tabi

İngilizce

The Wonder of Childhood

The Education of Privacy for Children

İÇİNDEKİLER

TEŞEKKÜR

Bu eserin oluşması için gece gündüz demeden çalışan Gonca Anıl Hanımefendi'ye...

Bütün eserlerimde her zaman yanımda hissettiğim editörüm Tuba Kabacaoğlu Hanımefendi'ye...

Mütevazı bir sabırla bir dantela dokurcasına eseri okuyucuya hazır eden Seval Akbıyık Hanımefendi'ye...

Yaşanan sorunları problem çözme yeteneğiyle profesyonelce çözüme kavuşturan İhsan Sönmez Beyefendi'ye...

Esere sanatçı ruhuyla görsel bir cıvıltı kazandıran Ravza Kızıltuğ Hanımefendi'ye...

Kitabın okuyucuyla buluşmasında süreci bir gözetleme kulesinden titzlikle takip eden Şeniz Baş Hanımefendi'ye...

Samimi desteklerini hep yanımda hissettiğim TİMAŞ Ailesi'nin her bir ferdine...

Her bir kitabımızı okumak için heyecan duyan, okuduktan sonra dostça mesajlar gönderen okuyucularıma...

Ve bütün eserlerime ilham kaynağı olan, sevgili çocuklarıma, eşime...

Teşekkür ederim...

İyi ki varsınız...

YAYINA HAZIRLAYANIN NOTU

Bir kitabı yayına hazırlamak ne kadar zormuş... Harflere söz geçirmek, cümleleri birbirine dost kılmak...

Sanırım sade bir kitap yazmak daha da zor...

Hem kısa hem öz bilgileri bir sayfada barındırmak günler alıyormuş meğer...

Bunca zorluğa rağmen, anne babaların çocuklarıyla doğru bir iletişim kuracağının hayali güç veriyormuş insana...

Birçok anne babanın kendisinden küçük bir bilgi almak için sıraya girdiği Adem Güneş'le ilk çalışmamdı bu...

Bütün bu zorlukların üstüne bir de bir uzmanla çalışmanın zorluğu eklenince halimi düşünün siz...

Umarım güzel bir eser çıkmıştır ortaya...

Siz, ihtiyaç duyduğunuz bilgileri kısa yoldan sunmaya gayret eden bu satırların arasında gezinirken, ben bütün yorgunluğumu sizlerin memnuniyetiyle gidereceğim.

Ve bu eserin çocukların mutluluğuna vesile olacağını düşününce...

Herkese keyifli okumalar dilerim.

Gonca Anıl

Denizli, 2015

GİRİŞ

Ebeveynlerin, "Acaba öyle mi yapsam, böyle mi?" diye tereddütte kaldıkları en belirgin dönem; çocuklarının 0-6 yaş dönemidir...

Öyle ya, çocuk anne yanından ne zaman ayrılacak; erken ayrılsa anneyle duygusal bağı zedelenir, geç ayrılsa bağımlılık oluşur...

Emmeden nasıl kesilecek; tiksindirerek mi, hiçbir tiksinti oluşturmadan mı?

Kreşe ne zaman başlayacak; evde anne baba bunaldığı zaman mı, çocuk ruhsal olarak hazır olduğu zaman mı?

Bakıcıya nasıl bırakılacak; çocuk uyurken sessizce giderek mi, evden çıkarken vedalaşarak mı?

Kurallar nasıl konulacak; çocuk için özel kurallar mı, aile için genel kurallar mı?

Bütün bu soruların cevaplarını tek cümle ve birkaç satırlık anlatımla bulmak her zaman kolay olmuyor...

İşte "100 Temel Kural" serisinin bu ikinci kitabında da az söze çok bilgi sığdırmaya çalıştık... Kitabı akılda kalıcı, küçük notlarla hazırladık...

Onlarca pedagoji kitabının özetini bu küçük eserde toparladık...

Her an her yerde okunabilsin diye, konuları birbirinden bağımsız tuttuk...

Umarız, 0-6 yaş döneminin temel bilgilerini barındıran bu eser, çocukla dostça yakınlık kurmak isteyen yetişkinlere yeni bir bakış açısı kazandırır...

Adem Güneş
İstanbul, 2015

1

" BEBEĞİN ODAYA İHTİYACI YOKTUR, EN GÜZEL ODA DAHİ ANNE YATAĞINDAN GÜVEN VERİCİ DEĞİLDİR "

Yenidoğanın en temel ihtiyacı güven duygusudur.

Bebeklik döneminde annesi her an yanında olan çocuk, derin bir güven duygusu edinir. Anneden ayrıldığında ise güvensizlik...

Zira doğduğunda anneye bağımlıdır yenidoğan... Ve bu bağımlılık hali iki yıl sürer...

Anneden ayrı kalmaya ve ayrı bir odada yatabilmeye duygusal gücü yoktur henüz.

Çocuk, emme dönemi bitene kadar anneyle birlikte yatmalıdır ki duyguları güçlensin.

Ebeveynler çok defa çocuk odalarını süsleyerek; ayıcıklar, pandalar koyarak çocuğu da o odada yatırırlar. Halbuki çocuğun süslü bir odaya değil, anne yanında güven duygusunu solumaya ihtiyacı vardır.

2

"YENİDOĞAN YA ANNE YANINDA YA DA ANNEYLE TEMAS EDEBİLECEK YAKINLIKTAKİ BİR BEŞİKTE YATMALIDIR"

Çocuk anne bağlanmasının en önemli koşulu birlikte yatmadır.

Çocuk, geceyi anneye temas edecek yakınlıkta geçiriyorsa kendini emniyette hisseder.

Anne babanın yatağında, anne tarafına dönük olarak yatan çocuk anne sıcaklığı, anne nefesinin ritmi ve anne teninin dokunsallığıyla güven içindedir.

Böylesi bir ortam anne açısından zor olacaksa, çocuk, annenin yatağına bitişik, önü açık bir beşikte yatabilir.

Anne, gece yatarken elini bebeğine temas ettirecek şekilde uzatırsa, hemen yanı başında olan çocuğuyla aralarında güvenli bağ oluşur.

Ve dolayısıyla çocukta güven duygusu gelişir...

3

"BEBEK YATAĞI
HAPİSHANE
PARMAKLIKLARI GİBİ
ENGELLEYİCİ BİR
BİÇİMDE DEĞİL, ANNEYE
KOLAYCA ERİŞİLEBİLECEK
KOLAYLIKTA
OLMALIDIR"

Çocuk beşikleri genellikle hapishane parmaklıkları gibidir...

Çocuğu küçük bir alan içine hapseder böylesi yataklar.

Her ne kadar çocuğu emniyetli tutmak üzere planlansa da, böylesi yataklar çocuk ruh sağlığına uygun değildir. Zira çocuğun anneye ulaşmasına engel oluşturur.

Halbuki korktuğunda, ürktüğünde, kaygılandığında hemen annesine erişebilecek bir kolaylıkta olmalıdır bebeğin yatağı...

Çocuk beşiği, anne yatağı seviyesinde ve önü açık olmalıdır ki çocuğun içinde özgür bir ruh gelişsin...

4

"'ALTI TEMİZ, KARNI TOK; AĞLAYA AĞLAYA UYUR' DİYE ÇOCUĞU YALNIZLIĞA TERK ETMEK, ANNE İLE BEBEK ARASINDAKİ BAĞI ZEDELER"

Pedagojinin günümüzdeki kadar gelişmemiş olduğu yıllarda çocuk gelişimi, çocuğun fiziksel ihtiyaçlarının karşılanması olarak biliniyordu.

Oysa çocuğun duygusal ihtiyaçları, fiziksel ihtiyaçlarından çok daha önemlidir. Bir çocuğun ağlaması altının temiz, karnının aç olmasıyla ilgili değildir sadece.

Çocuk tok da olsa, duygusal yoksunluk yaşadığında, korktuğunda, annesini özlediğinde ve kendini yalnız hissettiğinde ağlayabilir.

"Altı temiz, karnı tok; varsın biraz ağlasın" demek, en zayıf dönemde çocuğun duygusal ihtiyaçlarını görmezden gelmek demektir.

5

" ÇOCUK ANNEDEN SÜT DEĞİL GÜVEN EMER "

Anne sütü sadece mucizevi bir besin kaynağı değildir. Bundan daha büyük mucize, anneyle bebek arasındaki bağlanmanın temel kaynaklarından biri olmasıdır. Çocuğun anne göğsüne tutunup tensel temas kurması, anne bebek bağlanmasına büyük katkı sağlar.

Anneyi emen çocuk sadece fizyolojik olarak değil, aynı zamanda duygusal olarak da beslenmektedir.

Çocuk gelişiminin ana unsuru çocuğun kendini güvende hissetmesidir...

Anne göğsü kadar güven verici bir liman yoktur yeryüzünde...

Bir anne, çocuğunu emziremese de göğsünün üzerine yatırmalı, çocuğu ile tensel teması iki yıl boyunca sürdürmelidir...

6

"ÇOCUK ANNE SÜTÜNDEN BİRDENBİRE KESİLMEZ"

Çocuklarda ilk 24 ay boyunca devam eden emme refleksi vardır; çocuğun dudakları, fıtratı gereği kıpır kıpırdır.

24 ayın sonunda bu refleks kesilir. 24-30 ay arası çocuğun emme sürecini bitireceği zamandır.

Artık emme refleksi biten çocuğun anne göğsünden ayrılması, alışkanlığı bırakmasından başka bir şey değildir.

Alışkanlıklar birdenbire terk edilirse çocukta korkuya ve travmaya sebep olur. Bu nedenle çocuğun anne sütünden ayrılması adım adım gerçekleşmelidir. Sık sık emen çocuğun emmelerinin arası açılarak ayrılma süreci tamamlanabilir.

Çocuğun tiksindirilerek ya da anneden uzaklaştırılarak anne sütünden ayrılması yanlış bir yöntemdir.

Çocukların 24. aya doğru daha çok emme çabasına girmesi, anneleri kaygılandırır. Çocuk emmeyi hiç bırakmayacak zannederler. Oysa bu, çocuğun azalan emme refleksine rağmen, duygusal ihtiyacını giderme çabasıdır.

Anneler bu süreçte oflayarak çocuklarını kaygılandırmamalıdır. Zira bunlar çocuğun hayatı boyunca bir daha tutunamayacağı anne göğsüne "veda emişleri"dir...

7

"DUYGUSAL İHTİYAÇLAR 'VAKTİNDE VE YETERİNCE' GİDERİLDİĞİNDE GÜVEN DUYGUSU GELİŞİR"

Çocuğun iki türlü ihtiyacı vardır: Fizyolojik ihtiyaçlar ve duygusal ihtiyaçlar...

Çocuğun duygusal ihtiyaçları "vaktinde" giderildiğinde güven, yeterince giderildiğinde "ruhsal doyumsama" gerçekleşir.

Çocuk, ihtiyacı vaktinde giderilmedikçe huzursuz, yeterince giderilmedikçe de hırçın olur... Eksik kalan ihtiyacını gidermek için başka arayışlara girer... Bazen arkadaş bağımlısı, bazen oyuncak tutkunu olur...

Bundandır ki 0-4 yaş, çocuğun terbiye edildiği değil, ihtiyaçlarının koşulsuzca giderildiği dönemdir...

8

"ÇOCUĞUN GERÇEK KİŞİLİĞİNİN ORTAYA ÇIKABİLMESİ ANCAK KENDİNİ GÜVENDE HİSSETMESİYLE MÜMKÜNDÜR"

Her çocuk özeldir... Ve her çocuğun kendine has bir yaratılışı vardır. "Mizaç"tır bunun adı...

Her çocuğun mizacı diğer çocuklardan farklıdır.

Çocuk yetiştirmenin en önemli tarafı, çocuğu mizacını bozmadan yetişkinlik yıllarına eriştirmektir.

Mizacının bozulmaması ise çocuğun kendini güvende hissettiği bir ortamda bulunmasıyla mümkündür.

Sürekli engellenen ve çocukluğu eleştirel bir ortamda geçen kişinin mizacını ortaya koyabilmesi imkânsızdır...

Mizacı gereği cıvıl cıvıl olan bir çocuğun cıvıltısını "gürültü yapıyor" diye engellemek, onun mizacının ortaya çıkmasını da engellemektir.

Bir çocuğun başına gelecek en kötü şey, var olduğu hali ile mizacını ortaya koyamaması, kendinlik bozukluğu yaşamasıdır.

9

"ÇOCUK ANCAK 3,5 YAŞINDAN SONRA ANNEDEN AYRILABİLİR"

Çocukla anne arasındaki bağlanma iki yıl sürer...

Bağlanmanın ardından adım adım ayrılma gelir...

Annesine güvenli bağlanmış çocuğun ondan ayrılması yaklaşık bir buçuk yıl sürer...

Annesiyle güvenli bağlanamamış çocuk, ondan ayrılırken kaygı yaşar... Zira böylesi çocuklar ihtiyaç duydukları güven duygusunu yeterince tatmamışlardır. Başlarına bir şey geleceği, annesinin kendisini bırakıp gideceği kaygısıyla yaşarlar.

Güvenli bağlanamamış çocuklar, dört yaşında kreşe başladıklarında, kreşte kalmak istemez, anneden ayrılmaya korkarlar...

10

"EBEVEYNLERİN EN BÜYÜK YANILGISI 'KÜÇÜKKEN SÖZ GEÇİREMEZSEM, BÜYÜDÜĞÜNDE BENİ HİÇ DİNLEMEZ' DÜŞÜNCESİDİR"

Anne babalar çocuklarını ne kadar erken yaşta "kontrol altına" alırlarsa, kendilerine o kadar saygılı ve bağlı çocukları olacağını düşünürler.

Bundandır ki bazı anne babalar, erken yaşlarda baskı ve zorlamayla çocuğa kendi sözlerini dinletmeye çalışırlar.

Çocukluk yıllarında baskı altına alınan çocukların gelişimi zarara uğradığı gibi, böylesi çocuklar ileriki yıllarda duygusal patlamalar yaşar.

Oysa duygularda genişleme dönemidir çocukluk yılları...

Çocuklar, duygularında ne kadar özgür olurlarsa, o kadar davranışlarını düzene sokabilecek güce erişirler... İçsel bir genişlik ancak özgür bir çocukla elde edilir...

Kendilerini kontrol edebilenler duygu dünyası geniş olan kişilerdir... Bu da çocukluk yıllarında elde edilecek bir kazançtır. Zira yetişkinlikte duyguların genişlemesi hayli zordur.

11

"BASKICI EBEVEYNLERİN EDİLGEN ÇOCUKLARI OLUR"

Birçok anne baba çocuklarına baskıyla nasıl da söz geçirdikleriyle övünür.

Halbuki çocuğu baskı ile söz dinler hale getirmek bir marifet değildir...

Bir çocuğun ebeveyninin sözünü dinlemesi ancak ebeveyniyle arasında güvenli bağlanma olması durumunda "uyum hali" olarak nitelenebilir.

Baskı ile söz dinleyen çocuklar, edilgenleşir... Kendi gibi olmak yerine istendiği gibi olmayı öğrenir... Böylesi bir hal, çocuğun kendini kaybetmesi, başkalarının istediği kalıba girmesi demektir...

Sağlıklı ruh, baskının değil, çocuğun kendi gibi olmasına fırsat verilmiş bir ortamın ürünüdür.

12

"**ÇOCUKLUK DÖNEMİ 'HİS EDİNİM' DÖNEMİDİR**"

Çocukluk dönemi, duyguların çok aktif olduğu bir dönemdir...

Duyguların kökeni, hislerdir...

Yetişkinler hislerine engel koyarak yaşarlar, ancak çocuk sürekli hissederek yaşar...

Çocukluk dönemi hisleri kalıcıdır... Olumlu bir çocukluk geçiren kişi ileride de olumlu duygularla yaşar... Çocukluğu olumsuz hislerle geçenler olumsuz duygularla yaşamak zorunda kalırlar...

Birçok yetişkinin asık suratlı, üzgün ve mutsuz görünüşünün kökeninde çocuklukta edindiği hisler vardır...

13

" GÜVENLE BAĞLANAN ÇOCUK, GÜVENLE AYRILABİLİR "

Çocuk anneyle bağlanabildiği kadar anneden ayrılacak güce erişir...

Anneden ayrılmak duygusal güçlülükle gerçekleşecek bir haldir zira.

Çocuk, bu güce erişmediyse sürekli anneyle bağlanma çabası içine girer.

24-30 ay arasında çocuğun içinde anneden ayrılabilecek bir güç gelişir...

Ancak bağlanma dönemi sağlıklı geçen ve yeterince güç elde edebilmiş olan çocuklar güvenle ayrılabilir anneden. Annesine bağlanamamış çocukların ayrılması zordur...

Çocuğun annesine bağlanması, uçmak üzere olan uçağın yerde hız kazanması gibidir... Anneye güvenle bağlanabilen çocuk, uçabilecek güce erişir... Kolayca havalanır, kendi başına uçar... Güvenli bağlanamamış çocuk, yeterli hıza erişememiş uçak gibi, uçmakta zorluk çeker...

14

" ÇOCUK EĞİTİMİNİN ÖZÜ 'GÜVENLİ BAĞLANMA'DIR "

Çocukla anne arasındaki güvenli bağlanmanın özü, annenin çocuğa bağlanmasıdır...

Çünkü zaten anneye doğuştan bağlıdır çocuk...

Çocuk, kendine güvenle bağlanan anneye bağlanmasını sürdürür... Böylece kendi ruhsal derinliklerine erişme gücünü elde eder...

Annesiyle bağlanamayan çocuk âdeta kabuğuna çekilir, içe kapanır... Duygularını, hislerini kapatır... Bağlanma ihtiyacını duymamayı, bastırmayı öğrenir...

Çocukluk yıllarında bu ihtiyacını giderememiş, duygularını bastırmış kişiler, yetişkinlik yıllarında eşlerine ve çocuklarına da bağlanmakta sorun yaşarlar...

15

"KAYGILI ANNELERİN KENDİNE BAĞIMLI ÇOCUKLARI OLUR"

Bir bağımlılık ilişkisinde bağımlı olandan daha çok bağımlı olunan bağımlıdır.

Çocukluk döneminde ruhsal doyumsamaya erişmemiş kişiler, yetişkinlik yıllarında bu açlığı gidermek için yoğun çaba gösterirler.

Bağlandıkları kişilere, ya aşırı bağlanır, bir bağımlılık oluşturur... Ya da yaşadıkları güvensizlik tecrübeleriyle bir türlü bağlanamazlar...

Kaygı bulaşıcıdır... Kaygılı ebeveyn çocuğuna kaygı aşılar...

Kaygı, çocuğun güven içinde gelişmesine engel olur...

Çocuk, edinemediği güven duygusu kadar da ruhsal zayıflığa düşer...

Ruhsal açıdan zayıf çocuklar, hep bir destek arayışı içine girerler... Bu arayış çocuğu ebeveyn bağımlısı yapar... Kendi başına iş yapma cesaretini yok eder...

Kendi kaygılarından kurtulamayan ebeveyn, çocuğunun gelişimini engelleyen ebeveyndir.

16

" GÜVENLİ BAĞLANMA 0-4 YAŞ ARASINDA VE 'BİR KİŞİ' İLE GERÇEKLEŞİRSE ÇOCUK RUHEN DİNGİN OLUR "

0-4 yaş arasında çocuğun "bir kişi" ile bağlanmaya ihtiyacı vardır...

Duygusal ve fiziksel ihtiyaçlarını koşulsuzca karşılayan kişiye bağlanır çocuk... Bağlandıkça da içinde güven duygusu oluşur.

Anne çalışıyorsa çocuk anneanne ya da bakıcıya da bağlanabilir... "Bir kişi"ye bağlandığında çocuğun duyguları dengelenir. Sonra da anneyle yeniden bağlanmaya geçebilir...

Çocuk ihtiyacını kimden karşılayacağını kestiremezse kaygı duyar... İhtiyacını kimin gidereceğini bilememe kaygısı...

Çocuğun çok kişiye bağlanması, onun çok sevildiğini düşündürür ebeveynlere... Aslında bu durum "çoklu bağlanma sendromu"dur.

Çoklu bağlanma halinde, anne bir şey söylediğinde çocuk annenin tesirinde kalmaz ve diğer kişiye yönelir. Duygularıyla mücadele etmek yerine, istediğinin olması için alternatif arar. Bu durum çocukta iradenin oluşumuna engel olur. Gece vakti "Dondurma isterim" diye diretir çocuk örneğin...

Zira bağlanmanın çocuk üzerinde iki temel kazanımından biri güven duygusudur... Diğeri de tesir...

Çocuk, "bir kişi" ile bağlandığında güven ve tesir daha güçlü olur.

47

17

"

BAĞLANMA
PROBLEMİ OLAN
ÇOCUKLAR GECE
ANSIZIN UYANIP
SEBEPSİZ YERE
AĞLAYABİLİRLER

"

Kimi çocukların gece uykusunda hıçkırıklarla ağladığı durumlar olur. "Gece terörü" dür bunun adı...

Kendini emniyetsiz hisseden çocuğun rüyaları da emniyetsizdir... Gündüz bağlanamıyor olmaktan kaynaklanan "emniyetsizlik hissinin" rüyada da devam etmesidir gece kalkıp anlamsızca ağlamaları...

Örneğin ağlarken su ister, getirince içmez; sarılmak istense iter; uzaklaşınca ağlar... Tam bir duygusal karmaşadır çocuğun yaşadığı...

Anneyle bağı zaman zaman zayıflayan, kopan ya da bağlanamamış çocuklarda sıklıkla görülür bu kaygılı uyanma hali...

Çocuk annesi ile yeniden bağlandıkça bu sorun ortadan kalkar...

18

" ANNE KENDİNİ ÇOCUĞA BIRAKMAZSA ÇOCUK DA ANNEYİ BIRAKMAZ "

Bağlanma bir bütün çember gibidir...

Çocuktan anneye... Anneden çocuğa...

Eğer anne kendini çocuğa bırakırsa bağlanma gerçekleşir.
Kendine engel koyarsa çember kırılır... Bağlanma sorunu
yaşanır...

Bağlanma, "kendini güvenle bırakabilme" halidir... Kontrolsüzce
ve savunmasızca...

Kaygılı anneler, kendilerini çocuklarına bırakamazlar. Anne
kendini çocuğuna bırakamadıkça, çocuk ile anne arasında
görünmez bir perde oluşur... Bu perde çocuğun anneden ruhsal
doyumsamasına engel olan perdedir...

Çocuğu ile güvenli bağlanmak isteyen bir annenin atacağı ilk
adım, kendini kaygısızca bebeğine bırakmayı öğrenmesidir...

19

"OKUL ÖNCESİ DÖNEMDE HIRÇINLIK, GENELLİKLE BAĞLANAMAMA PROBLEMİNİN DIŞA VURUMUDUR "

Anneyle bağlandıkça bir duygusal doyumsama oluşur çocukta... Bir emniyet halidir bu aslında... Yaşama gözü ile temas edebilir emniyet içinde olan çocuk, eşyaya ruhen dokunabilir.

Çocuk bu doyumsamayı gerçekleştiremiyorsa huysuzlaşır...

İhtiyacın giderilmemesinden kaynaklanan bir iç dengesizlik halidir bu...

Ve böylesi çocuklar, çatışmacı davranışlar sergilerler.

Bağlanamama, "ruhsal ihtiyaçlar"ın giderilmemesidir aslında... Çocuk ruhsal ihtiyaçlarını gideremediği kadar huzursuz... Huzursuz olduğu kadar agresif olur...

20

"ÇOCUK ANNESİYLE 'GÜVENLİ BAĞ' KURABİLDİĞİ KADAR 'DUYARLI', BABASIYLA BİRLİKTE OLABİLDİĞİ KADAR 'İRADELİ' OLUR"

Anneyle bağlanmış olmak çocuğun duygu dünyasının işlevselliğini artırır.

Ancak bu yeterli değildir... Zira çocuk annesiyle duyarlılık elde etse de ruhun bir başka ihtiyacı daha vardır... O da iradedir...

Çocuk babasıyla kurduğu güvenli ilişkiyle iradesini geliştirir...

İrade kazandıkça, kendini yönetmeyi, duygularını yönetmeyi becerir... Sürekli ve kararlı iş yapabilme gücünü edinir...

Anne ile bağlanmış çocuk, baba ile iradesini geliştiremezse, duygularını kontrol etmekte zorlanır, sürekli ve kararlı işler yapmakta yetersiz kalır...

21

"SÖZ DİNLEMEYEN ÇOCUK YOKTUR, BAĞLANAMAMIŞ ÇOCUK VARDIR"

Çocuk kime güvenlice bağlanıyorsa, bağlandığı kişinin tesiri oluşur çocuğun üzerinde...

Böylesi bir bağ, çocuğun yetişkinle uyumunu artırır, birlikte yaşamaktan keyif alır çocuk...

Ebeveyni ile yaşamak, onun sözünü dinlemek, onun anlattıklarını hayata geçirmek zor gelmez çocuğa...

Çocuk anne babayı kendisini engelleyen biri olarak görüyorsa, bu baskıdan kurtulmak için söz dinlememeye ve normal eylemlere bile tepki göstermeye başlar.

Okul öncesi çağda çocuğun sergilediği tepkisellik, onun anne babasını sevmediğinden değil, güvenli bağlanamamış olmaktan kaynaklanan tesirsizliktendir...

22

" BAĞLANMANIN ÜÇ TEMAS NOKTASI; 'GÖZ, TEN VE SES'TİR "

Duyguya açılan üç kapıdır; göz, ten ve ses...

"Bağlanma" yetişkinle çocuk arasındaki ruhi temasla gerçekleşir. Ruha dokunabilmek tene dokunmakla başlar. İşte bu yüzden duyguya açılan ilk kapıdır tensel temas...

Ondandır ki bağlanma problemi yaşayan kişilerde tensel reddediş vardır.

Duyguya açılan ikinci kapı göz ile temastır...

Göz ile temas, değerlilik hissini oluşturur... Kişi, değerlilik hissini kimden edinirse oraya ruhsal salınım yapar, onunla bağ kurar.

Üçüncü bağlanma kapısı, sestir...

Anne çocuğuna yumuşak bir sesle hitap edebilirse onun duygularına erişebilir ancak. Yüksek, mekanik ve emredici bir ses rahatsız eder çocuğun ruhunu... Böylesi bir ses, çocuğun iç dünyasında duygusal reddedişle sonuçlanır...

Ebeveyn, tenin, gözün ve sesin çocuğun ruhuna açılan üç kapı olduğunun bilinciyle kendisini geliştirmelidir...

23

"ÇALIŞAN ANNE, 4 YAŞ ÖNCESİ ÇOCUĞUNU KREŞE VERMEK YERİNE BAKICI TERCİH ETMELİDİR"

Bağlanma bir kişiyle gerçekleşir.

4 yaşından önceki çocuklar bağlanma ve ayrılma sürecini henüz tamamlamamıştır...

Eğer bir anne çalışacaksa 4 yaşından küçük çocuğunu, kreşe vermek yerine, bakıcıya bırakmalıdır ki, çocuk bakıcısı ile kendini güvende hissetsin... Bağlanma sürecini tamamlayabilsin...

Çocuk bu dönemde kreşe bırakıldığında, tamamlanma ihtiyacı olan bağlanmayı öğretmeniyle gerçekleştiremeyebilir... Zira öğretmen sınıfta sadece bir çocukla değil, birçok çocukla ilgilenmek zorundadır... Böylesi bir durum, çocuğun yalnızlaşmasına ve bağlanma ihtiyacını giderememesine yol açar...

24

" BEBEĞİN BAKICIYA BIRAKILMASI BİRDENBİRE DEĞİL, 6 HAFTALIK SÜREÇ İÇERİSİNDE GERÇEKLEŞMELİDİR "

Çocuğun anneden ayrılıp bakıcıyla bağlanabilme süreci 6 haftadır.

Bu süreç, çocuğun ihtiyaçlarının adım adım bakıcıya devredilmesiyle gerçekleşir.

Altı haftalık süreç, ikişer haftalık üç bölüme ayrılır...

Bakıcı anne ile ilk iki hafta sadece fiziksel olarak yan yana bulunmakla yetinmelidir. Bu dönemde fizyolojik ve duygusal ihtiyaçlar anne tarafından karşılanmalıdır. Bakıcı sadece annenin yanında bulunur. Bu dönem, bakıcıya alışma ve güven aşamasıdır.

İkinci iki haftaya geçildiğinde çocuğun sadece "fizyolojik" ihtiyaçları bakıcı tarafından karşılanmalıdır. Anne, çocuğun duygusal ihtiyaçlarını karşılamaya devam eder. Fiziksel ihtiyaçlar yeme, içme, gezmedir... Duygusal ihtiyaçların başında ise uyku gelir. Uykuya geçme anneyle tensel temas içinde devam etmelidir.

Üçüncü ikinci haftada, bakıcı hem fiziksel hem duygusal ihtiyaçları üzerine alır. Böylece çocuk bütün ihtiyaçlarını bakıcıdan gidermeye alışır, anneden ayrılmaya karşı güç kazanır...

25

"ANNE ÇOCUĞUNDAN VEDALAŞARAK AYRILMALIDIR. HABERSİZCE GİTMELER ÇOCUKTA KAYGI UYANDIRIR"

Çocuktan ona haber vermeden ayrılmak kaygı...

Vedalaşarak ayrılmak öfke oluşturur...

İşe giden bir anne, çocuğundan ayrılacağı zaman aslında bu iki duygu durumundan birini tercih etmektedir...

Kaygılı ruh hali, çocukluk yılları için en tehlikeli ruh halidir... Bundandır ki çocuk uykudayken veya başka bir alandayken gizlice ayrılmak, oldukça sakıncalı bir ebeveyn tutumudur...

Böylesi çocuklar, kaybetme korkusuyla anneye daha çok bağımlı hale gelir, gece uykusundan kaygıyla uyanır, yetişkinlik yıllarına da yansıyan ayrılma kaygısı yaşarlar...

Halbuki çocukla vedalaşarak evden ayrılmak, onda bir kızgınlık ve öfkeye sebep olsa da, çocuk iyi bir bakıcının yanındaysa öfkesini yenebilir... Ebeveyn vaktinde eve geldikçe de öfke yerini mutluluğa bırakır...

26

" 6 YAŞINA KADAR ÇOCUKLAR 'BUYURUCU BİR İÇ KILAVUZLA' GELİŞİMLERİNİ SÜRDÜRÜRLER "

Çocukluk dönemi iç motivasyonla devam eden bir dönemdir...

Çocuğun içinde mizacından ve fıtratından kaynaklanan bir itici güç vardır..

Bu itici güç belli zamanlarda çocuğa belli eylemleri yaptırarak kişiliğini geliştirir.

Bir yaşına kadar yürümeye zorlatır... 2 yaşına kadar konuşmaya... 4 yaşına kadar eşyayla nüfuz etmeye ve anneye bağlanmaya...

Bunların hiçbiri dış motivasyonla gerçekleşmez. Bir iç kılavuzla hareket eder çocuk...

İyi ki de böyledir... Çünkü böylece anne babaların acemilikleri çocuğun gelişimine çok fazla olumsuz tesir etmemiş olur, yeter ki yıkıcı olmasınlar ve çocuğun ihtiyaçlarını karşılasınlar.

Eğer çocuğun içinde buyurucu bir iç kılavuz olmasaydı hiçbir ebeveyn çocuğuna konuşmayı öğretemezdi... Yürümeye istek duymasını sağlayamazdı... Eşyayla bağ kurduramazdı... Yaşama sevinci veremezdi...

Bunların her biri buyurucu iç kılavuzun meyveleri olarak çocuğun yaşama adım atmasını sağlar.

27

"ÇOCUK ASLINDA 4 YAŞINDA DOĞAR"

Çocuğun iki doğumu vardır... Birisi fizyolojik doğumu, diğeri ruhsal doğumu...

Fizyolojik doğum 9 ayda gerçekleşir. Anne karnındayken çocuğun gözü, burnu, kulakları oluşur; ayakları, parmakları oluşur... Ve bu fizyolojik organlar yeterli olgunluğa erişince dünyaya gelir çocuk...

Ancak çocuğun ikinci doğumu için bir duygusal gelişime ihtiyacı vardır.

Ama ruhun gelişimi fizyolojik gelişim gibi hızlı olmaz. Fizyolojik hız ile ruhsal hız arasındaki oran dörtte birdir. Ruh fizyolojiden dört kat daha yavaş gelişir... Âdeta bir tırtıl gibidir ruh...

Dokuz ayda dünyaya gelen çocuk, dört kat mesafeyle 3,5 yaşlarında ruhsal olgunluğa erişir.

İşte bu yüzden, mizaçtan mizaca değişse de yaklaşık 3,5 yaşından sonra yaşama gözlerini açar çocuk... İçinde bulunduğu dünyayı fark etmeye ve bir bilinç seviyesinde etrafıyla iletişim kurmaya çalışır.

İşte bu, çocuğun ruhsal doğumudur...

28

" ÇOCUK
ÇOK ACIKIRSA HIZLI
HIZLI YER, ÇOK
SUSARSA ÜSTÜNE
DÖKE DÖKE İÇER;
BUNDA NE AYIP
VARDIR
NE UTANÇ "

Yetişkinler bazen çocuklardan yetişkin davranışı beklerler. Özellikle misafirliklerde...

Bu, çocuğa haksızlıktır, çünkü çocuk yetişkin değildir. Çocuk çocuktur ve gelişim çağındadır.

Çocuk duygularıyla yaşar. Su içerken heyecanlanır, gülebilir ve suyu püskürtebilir; bunda ayıp yoktur...

Yetişkinler yetişkin davranışını çocuklardan beklerken çok defa çocukları kendilerine çirkin gelir.

Halbuki çocuklarının çocuksu davranışlarına eşlik edecek olsalar, çocuğun dünyasının tatlılığını göreceklerdir.

Çocuğa yetişkin gibi bakmak ve ondan yetişkinlerin olgunluğunu beklemek hem çocuğa haksızlık hem de ebeveynin gerilmesine sebep olur.

Zira çocuk çocuktur...

Misafirlikte, hastanede, camide, okulda, sokakta...

Çocuk her yerde çocuktur...

29

" BİR ANNE BABANIN EN İYİ PSİKOLOĞU, KENDİ ÇOCUĞUDUR "

Birçok anne baba yaşadığı kişisel sorunlar nedeniyle psikolojik destek arar... Hâlbuki hiçbir psikolog bir anne babayı, çocuğu kadar derince onaramaz...

Çocuk, kendi masum dünyası ile bir ruh onarıcısı gibi, yetişkinin büyütüp, işin içinden çıkamaz hale getirdiği problemleri küçültür, basitleştirir... Çocuksu dünyası ile başka âlemlere kapılar açar...

Çocuk, yetişkini dünyanın yükünden uzaklaştırır...

30

" TUVALET ALIŞKANLIĞI, ÇOCUK ZİHİNSEL VE FİZİKSEL AÇIDAN HAZIR OLDUĞU ZAMAN BAŞLAMALIDIR "

Altını ıslatmak çocuk için bir keyif halidir.

Tuvalet eğitimi ise çocuğun altını rahatlıkla ıslatabilme keyfinin elinden alınmasıdır.

Tuvalet alışkanlığına başlamak için temel şart sadece çocuğun kaslarının "fizyolojik olgunluğa" erişmiş olması değildir. Bunun yanı sıra çocuk zihinsel olgunluğa da erişmelidir ki, neden altına yapmak yerine, çok zahmetli olan tuvalete gittiğini fark edebilsin...

Birçok çocuğun tuvalet alışkanlığı elde edememesinin temel sebebi, rahatça altına yapmak varken "neden tuvalete yapmalıyım" sorusunun cevabını algılayabilecek olgunluğa erişmeden bu alışkanlığın kazandırılmaya çalışılmasıdır...

31

" ÇOCUKLA İLETİŞİMDE EN GÜÇLÜ KELİME 'EVET', EN ZARAR VERİCİ KELİME 'HAYIR'DIR "

0-4 yaş dönemde ebeveynler "evet"in gücünü keşfetmelidir.

Çocuk için "hayır" bir engelleme sözüdür ve hırçınlık oluşturur... Zira bu dönemin en belirgin davranışı engellemelere karşı tepkidir...

"Evet" ise kabul edilmişlik hissi uyandırır çocukta... Problemin birlikte çözüleceğini ifade eden, işbirliğine davet eden bir kelimedir; onaylanma ve paylaşım içerir.

"Hayır" ise bir reddedilme halidir; kişiliğe dokunur. Bağ kurma çabasında olan çocuğun bağının koptuğuna işarettir.

"Hayır" problem çözme değil, çocuğu problemle baş başa bırakma kelimesidir.

Oysa bu, çocuğun tek başına baş edebileceği bir durum değildir...

Ebeveynler çocukla iletişimde "hayır" kelimesini mümkün olduğunca az kullanmalı ve "evet"in gücünü keşfetmelidir...

32

"OYUN VE OYUNCAK ANCAK BİR ARAÇTIR, MARİFET ÇOCUKLA ARACISIZ İLETİŞİM KURMAKTIR"

Ebeveynler çocuklarıyla kaliteli iletişim kurmak istediklerinde akla gelen şey çocukla oynamak olur.

Halbuki üst düzeydeki kaliteli iletişim, aracısız olarak kurulan iletişimdir...

Oyun ise bir alt düzey iletişim halidir... Ebeveynle çocuğun arasında oyun vardır...

Çocukla direkt temas etmeyi, konuşmayı, aktif dinlemeyi becerebilen yetişkin doğal yaşamı becerebilen yetişkindir... Çocukla doğal iletişim, en güçlü iletişimdir...

Çocuğu hayatın içerisine dâhil etmek, onunla "aracısız" iletişim kurmaktır kaliteli iletişim... Birlikte yemek yapmak, çamaşır katlamak örneğin...

33

'EŞYAYA NÜFUZ EDEBİLEN' ÇOCUK GÜVEN DUYGUSU EDİNİR

Çocuklarda güven duygusu iki alanda oluşur; anne ile güvenli bağlanma ve eşyaya nüfuz edebilme...

Anneye bağlanma birincil ve temel güven duygusunu oluşturur çocukta...

İçinde yaşadığı çevredeki eşyaya dokunabildiği, tanıyabildiği, özgürce eşyaya hükmedebildiği kadar da ikincil güven duygusunu elde eder çocuk...

Dokunmalı, koklamalı, kaldırabilmeli, gerekirse düşürmeli, tadına bakabilmeli... Ve eşyayla bir "duygusal bütünlük" kurabilmelidir.

Eşyaya nüfuz edebilmek, anneyle güvenli bağlanma gibi temel bir ihtiyaçtır; karşılandıkça güven duygusu oluşur.

Eşyayı tanımada engellerle karşılaşırsa öfkeli bir hale bürünür çocuk...

Bu, karşılanmayan ihtiyacın verdiği gerginlik halidir aslında...

34

" OKUL ÖNCESİ DÖNEMDE ÇOCUKLARLA İLETİŞİMDE 'EYLEM DİLİ' KULLANILMALIDIR "

İletişimde kullanılan üç dil yapısı vardır...

Ben dili...

Sen dili....

Ve eylem dili...

"Sen dili" kişinin davranış ve düşüncesine yorum yapar. "Sen" vurgusu vardır bu dilde... Çocukta suçluluk duygusu ve denetlenmiş duyguların rahatsızlığını oluşturur...

"Ben dili" kişinin kendi duygu ve düşüncesini net bir biçimde ifade eder.

Ancak çocukla iletişimde "ben dili" kullanılamaz.

Zira yetişkin ben dili ile kendi duygu ve düşüncelerini açıklarken, çocuk kendi gibi olmak yerine, yetişkinin duygu ve düşüncelerine ters düşmemek için onun istediği gibi olmaya meyleder...

Bu nedenle, çocukla "eylem dili" kullanılarak konuşmak gerekir...

Ne annesi hoşlanmadığı için, ne babası kızdığı için... Çocuğun, o davranışın yanlış olduğu için yapılmayacağını bilmeye hakkı vardır...

"Yalan söylemek yanlış bir davranıştır" eylem diliyle söylenmiş bir cümledir...

"Eylem dili"ni kullanmak yetişkinin vazifesi, çocuğun ise hakkıdır. Zira hangi davranışın doğru olduğunu öğrenmek çocuk için bir ihtiyaçtır.

35

"YEME BOZUKLUĞU, ÇOCUĞUN ÜZERİNDEKİ BASKININ YEMEYE TEPKİ İLE DIŞA VURUMUDUR..."

Yemek bir ihtiyaçtır ve duyguları normal olan kişi bu ihtiyacını doğal olarak giderir.

Çünkü bir yandan midedeki yanma hissi, bir yandan da damaktaki tat alma hissi kişiyi yemeye mecbur kılar.

Duygusal bir sorun yaşayan çocuk, fizyolojik problemi olmasa da yeme bozukluğuna düşebilir...

Zira yemek yememe isteği çocuğun duygu durumunun dışa vurumudur...

Eğer çocuğun üzerinde baskı ve zorlama varsa... Ya da annesiyle bağlanma problemi yaşıyorsa... Çocuk bu huzursuzluk hali ile yemeği reddedebilir...

Acıkmadan yemeye zorlamak, sevmediği yemek için baskı yapmak çocuğu yemeye karşı tepkiselleştirir.

Yemesi için şartlar öne sürmek, örneğin "Yemek yersen seni parka götüreceğim" demek yanlıştır.

Çocuğun düzenli yemek yemesinin özü, kendini rahat hissetmesidir...

36

" 'ÇOCUK İÇİN' KURAL KOYMAK ONA KENDİNİ DIŞLANMIŞ HİSSETTİRİR "

Ebeveynlerin en büyük çabalarından biridir, çocuğa kural koymak ve sonra da çocuğun bu kurala uymasını sağlamak...

Oysa "çocuk için" kural konulmaz. Aile içindeki kurallar herkesi bağlar... Ebeveyn televizyon seyrederken, çocuğa televizyonu yasaklamak, çocuğu ancak kuralları yıkmaya teşvik eder...

Anne baba otururken, çocuğu yatmaya zorlamak, çocuğun kendini anne babadan ayrı hissetmesine yol açar, aidiyeti zedeler...

Anne babanın kitap okuma alışkanlığı yokken, çocuktan kitap okumasını beklemek, çocuğun kendini baskı altında hissetmesine yol açar...

Halbuki aile içinde geçerli kurallar çocuk için değil, bütün aile içindir...

Sadece çocuk değil, herkes o kurallara uyduğunda çocuk kendini ailenin bir parçası hisseder...

37

"KARDEŞLER ARASI İDEAL YAŞ FARKI DÖRTTÜR"

Bir çocuğun annesini emme süreci iki yıldır. Bu süre içinde ikinci bir bebek söz konusu olursa ilk çocuğun süt alma hakkına girilmiş olur ve bağlanmışlığına zarar verilir.

Dolayısıyla bu sürenin bitiminde çocuk sahibi olmayı bekleyen bir anne, çocuklarının yaş farkını en az üç olarak belirlemiş olur...

Ancak çocuğun üç yaş döneminde kardeş sahibi olması tavsiye edilmez. Çünkü bu dönemdeki çocuk benmerkezcidir; her şeyin kendisine ait olmasını ister, annesini kardeşiyle paylaşamaz.

Çocuğun dört yaşında kardeşinin olması idealdir. Bu dönemde çocuk anneden ayrılmıştır... Okul, arkadaşlar ve çevreyle bağ kurmaya başlamıştır...

Çocuklarda beş yaş bir jenerasyondur... Sağlıklı ruhsal gelişim için çocuğun bir kendi jenerasyonundan, bir de bir alt veya üst jenerasyondan kardeşinin olması tavsiye edilir.

38

"6 YAŞ ÖNCESİ ÇOCUKLARA ÖLÜM ANLATILIRKEN 'MÜSEBBİBE' DEĞİL 'SEBEBE' VURGU YAPILMALIDIR"

Ölüm bir hüzün barındırır içinde... Ölümün ayrıntısı, korku ve kaygıya sebep olur... Bundandır ki çocuklara ölümün ayrıntısı anlatılmaz...

Her ne kadar ebeveynler inançlı olsa da, ölümün Allah tarafından gerçekleştirildiği çocuğa anlatılmaz... Bu, çocukla Allah arasındaki bağı zedeler... Çok sevdiği babasının Allah tarafından öldürüldüğünü duymak, çocuğun Allah inancını yaralar...

Bundandır ki, çocuklara ölüm anlatılırken, onların anlayacağı sadelikte bir dil kullanılmalı ve "müsebbibe" değil, "sebebe" vurgu yapılmalıdır...

Çocuğa "Allah öyle istedi, ondan dolayı öldü" demek yerine, "Trafik kazasında vefat etti" demek pedagojik olarak daha uygundur...

39

"ANNE BABADAN KEYİF ALAMAYAN ÇOCUKLAR, KENDİLERİNİ TV, TELEFON, BİLGİSAYAR GİBİ ARAÇLARLA MEŞGUL EDERLER"

Birçok ebeveynin şikâyet konularındandır, çocuklarının cep telefonu, internet ve teknolojik gereçlere aşırı düşkünlüğü...

Okul öncesi dönemde çocuk mutlak bir eylem arayışı içindedir. Hiçbir çocuk boşta kalmayı beceremez.

Eğer çocuğun ebeveyniyle iletişimi koparsa, ebeveyn kendi dünyasında kendi işleriyle meşgul olursa, çocuk da gelişimini sürdürebilmek için kendine meşgul olacağı şeyler bulur. Telefon ya da internet oyunları çocuklar için en keyifli ve en kolay ulaşılabilir meşguliyetlerdir.

Çocuğu ile ilişki halinde olmayan ebeveynler, çocuklarının teknoloji bağımlılığına doğru gittiğini görmeliler.

40

> **4 YAŞ ÖNCESİNDE TELEVİZYON İZLEMEK ÇOCUKTA EMPATİ DUYGUSUNU ZAYIFLATIR**

Yapılan araştırmalar göstermektedir ki 4 yaşından önce televizyon alışkanlığı edinen çocuklarda duygusal bağ kurma yeteneği zayıflamaktadır.

Kişinin biriyle empati kurması ve ruhsal temas kurup duygularını anlaması için karşıdakinin de onunla irtibat halinde olması gerekir. Biriyle yakınlık içinde olan kişi, karşıdan da yakınlık bekler ki bu da arada empatinin gelişmesine sebep olsun.

İnsan heykele bakarak onunla empati kuramaz mesela. Duvarla da empati kurulmaz... Çünkü bağ kurulacak kişide de bir canlılık olmalıdır...

Televizyon her ne kadar cıvıl cıvıl, renkli dünyalar barındırıyor olsa da canlı değildir... Canlı olmayan bir varlıkla saatlerce meşgul olmak çocuğun ruhsal gelişimini engeller...

41

"UYKUYA DİRENÇ, YAŞAMA SEVİNCİ OLAN ÇOCUKLARIN DAVRANIŞIDIR"

Okul öncesi dönemde anne babaların en büyük sorunlarından biridir uykuya direnç...

Çocuklarını vaktinde yatırma çabalarına karşı bir sonuç alamazlar genellikle... Ya aşırı baskı kurmak zorunda kalırlar ya da pes ederler.

Oysa çocuğun uykuya geçememesinin iki sebebi vardır:

Güne doyamamak...

Yaşama sevinciyle dolu olmak...

Çocuk anne babayla keyifli bir gün geçirmiş ve doyumsayabilmişse rahatça uykuya geçebilir.

Ebeveyne doyamamış çocuk sürekli bir mızırdanma halindedir. Su ister, süt ister... Tuvalete gideceğim, der. Sürekli bağ kurma çabası içindedir...

Ayrıca, yaşama sevinci olan çocuk zaten neşe ve coşku doludur. Bir oraya bir buraya döner, konuşur ve uykuya dalamaz. Yetişkinler çocuğun bu çocuksu hallerine kızmak yerine, sükûnet içinde yaklaşarak uyuması için zaman tanımalıdır.

42

" OKUL
ÖNCESİ
ÇOCUĞUNUN EN
BELİRGİN ÖZELLİĞİ
YAVAŞLIKTIR "

Çocukların yetişkinler tarafından en çok zarara uğratıldığı durum yavaşlığın bozulmasıdır.

Halbuki yavaşlığın korunması, ebeveynin çocuğa en önemli mirasıdır...

Zira gelişimin en önemli kısmı yavaşlığın korunmasıyla olur; algılamak ve algılanan şeyin ruhla bütünleşmesi yavaşlama ile gerçekleşir.

Modern hayat aceleciliği beraberinde getirdiğinden, ebeveynler çocuklarını kendilerine uydurmaya çalışırlar. Bu, çocuğa haksızlıktır ve çocuğun doğal gelişimine engel olmaktır.

Ebeveynler çocuklarını hızlandırmak yerine kendilerini yavaşlatmalılar.

43

"2 YAŞ ÖNCESİ ÇOCUĞU UYUTMAK İÇİN SALLAMAK, ONU SERSEMLEŞTİRİR"

Çocuğu sallamak "algısını bozmak" demektir.

Normal algıdan çıkarıp başka bir algı alanının içine sokmak; eşyayı algılayamayacağı kadar hızlı bir biçimde gözü önünden sürekli getirmek, götürmek demektir.

Birçok hipnoz yöntemi aynı usule başvurur.

Sallayarak uyutmak, çocuğun algısını bozarak uyutmaktan başka bir şey değildir... Bu, çocuğun zihinsel gelişimine olumsuz etki eder... Sersemletir çocuğu...

Çocuğu hızlı hızlı sallayarak uyutmak yerine, hafif hafif dokunarak, ninni söyleyerek, hikâye okuyarak ve gerçek yaşam algısını değiştirmeyerek uyutmak doğru bir pedagojik davranıştır.

44

"YETİŞKİNLER YORULDUKÇA YAVAŞLAR, ÇOCUKLAR YORULDUKÇA HIZLANIR"

Yetişkin bir insan yorulduğunda istirahatin kendisine iyi geleceğini bilir. Bundandır ki, yorulan yetişkin, yavaşlar, dinlenmeye çalışır...

Çocuklar ise yoruldukça sanki ayaklarına bir bağ bağlanıyormuş gibi hissederler... Ve bu bağdan kurtulma çabasıyla kendilerini zorlar, bu engeli ortadan kaldırmak için daha hızlı hareket etmeye çalışırlar... Bu bir çocukluk yanılgısıdır...

Çocuğun uykusuzluktan ya da yorgunluktan kaynaklanan hızlılığı ebeveyni çocukla ilgilenmeye yöneltmelidir. Ebeveyn "Niye durmuyor bu çocuk..." diye söylenmek yerine ona sıkıca sarılmalıdır. Kızmak yerine çocuğun durumunu tebessümle karşılamalıdır.

Ebeveyni ile teselli olan çocuk zaten istirahate geçecektir.

45

"BAĞLANMA
DÖNEMİ
SAĞLIKLI GEÇMİŞ
ÇOCUKLAR İÇİN
ANAOKULU
YAŞI DÖRTTÜR"

Çocuğun sosyal yaşama katılması bir ihtiyaçtır... Bu katılım ne erken olmalıdır ne de geç...

Anaokulu olmazsa olmaz değildir belki ama çocuğun sosyal yaşam alanlarından biridir.

Anaokulunun işlevi sanıldığı gibi eğitim ihtiyacı değildir aslında. Çocuğun anne babasının haricinde yeni kişilerle duygusal etkileşimde bulunmasının ve bu etkileşimle duygularını, zihnini yönetebilme becerisinin ilk adımıdır...

Çocuğun sosyal yaşama geç başlaması, sürekli evde bulunması, duygusal gelişime engeldir... Duygusal gelişimi zayıf olan çocukların sosyal gelişimi de zayıf olur...

Sosyalleşme dönemi geldiğinde çocuğun anne babaya ihtiyacı olduğu kadar, arkadaş ortamına da ihtiyacı vardır ki, sosyal gelişim tamamlansın...

46

" ÇOCUĞU, ALIŞACAK DİYE AĞLAYA AĞLAYA OKULA GÖNDERMEK, EBEVEYN ÇOCUK BAĞINA ZARAR VERİR "

Hiçbir çocuk sebepsiz yere ağlamaz, hele ki okul öncesi dönemde, hiç...

Çocukların ağlamasının en temel sebebi kendini emniyette hissedememektir. Çocukta bir kaygı oluşmuşsa ebeveynler bunu gidermekle görevlidirler. Duyduğu kaygıya rağmen çocuğu bir şeye zorlamak, onun ebeveyniyle olan güvenli bağına zarar verir...

Ebeveynler çocuklarını okula bırakırken zorlamamalı, çocukla bunun nedenlerini konuşarak ve onun belki de "çocukça" sözlerini ciddiye alarak problemi çözmelidir...

Okula zorla bırakılan çocukların bir süre sonra ağlamayı bitirip oyun oynamaya dalmaları, okula alıştıkları anlamına gelmez... Bu, çocuğun ebeveynini beklerken kendince bulduğu bir oyalanma davranışıdır...

47

"ANAOKULUNDAKİ ÇOCUĞA 'GRUP' HALİNDE DEĞİL, VARLIĞINI ONAYLAMAK İÇİN İSMİYLE HİTAP EDİLMELİDİR"

İnsanın en büyük ihtiyacıdır var olma ihtiyacı...

Varlığın onaylanması, kişinin duygu, düşünce ve söylemlerinin karşı tarafça "fark edilmesi" demektir ve insana kendini değerli hissettirir.

Bir şemsiye gibi insan varlığını bütün olarak onaylayan bir kavram vardır; bu da kişinin "isminin kullanılması"dır...

Okulda öğretmenin çocuğa "Kızım, oğlum" diye hitap etmesi, onun kendini grubun bir parçası gibi hissetmesine neden olur... Değerlilik hissi oluşturmaz...

İsmiyle hitap etmek, çocuğun kendini değerli hissetmesine sebeptir...

Çocuğu isimsiz hale getirmek, onu sıradanlaştırmaktır...

48

"ÇOCUK OKULA AĞLAYARAK ALIŞMAZ"

Çocukların okula başlaması hem çocuk için hem de ebeveyn için aşılması gereken bir problem anıdır.

Çünkü çocuk için okul da, öğretmen ve diğer çocuklar da yabancıdır. Yetişkinler çocuğun kaygılarını anlamalıdır. Çocuğun güven duygusu hissetmeden okula alışacağını düşünmek bir yanılgıdır.

Alışma sürecinde anne bir süre çocuğun yanında bulunmalıdır ki çocuk öğretmenine güvenle alışabilsin...

Öğretmen ne kadar sakin ve şefkatli yaklaşırsa o kadar çok güven duyar çocuk. Öğretmen asla çocuğu anneden koparmaya ve ağlatarak alıştıracak yöntemlere başvurmamalıdır. Böyle bir muameleye maruz kalan çocuklarda eğitime karşı içsel bir tepki oluşur.

Birçok eğitici, bırakıldığında ağlayan çocukların bir süre sonra sustuğunu görür ve "Nasılsa ağlaya ağlaya alışacak" diye büyük bir yanılgıya düşerler.

Zira çocuğun ağlamayı bırakıp oynamaya başlaması, "oyun" değil bir "oyalanma" davranışıdır.

Çocuk annesini beklerken duygularını bastırır sadece. Erken yaştaki çocuğu duygularını bastırmak durumunda bırakmak pedagojik olarak doğru değildir.

49

"ANAOKULUNUN ÇOCUK İÇİN EN BÜYÜK KAZANIMI ZAMANA KARŞI DUYARLILIK OLUŞTURMASIDIR"

Anaokulu bir çocuğun hayatında olmazsa olmaz değildir...
Fakat çocuğun birtakım yetenekleri kazanmasında rol
oynayabilir.

Çocuğun gelişimi doğal çevre içinde, bahçede ağaca çıkarken,
düşerken, çamurla, arkadaşıyla oynarken gerçekleşir.

Doğal ortamda gelişen çocuklar hem fiziksel hem duygusal
yönden suni ortamda yetişen çocuklardan daha ileridedir.

Anaokulları ise kaliteyi artırmak için çocukta yaşından önce
yeni suni ortamlarla yeni sinyal alanları oluşturma çabasına
girerler.

Oysa anaokulunun kazandıracağı en üstün beceri, düzen
alışkanlığı, zamanı planlama becerisi ve duyarlılığın
korunabilmesidir.

Önce zamanın işleyişinin farkındalığını kazanmalıdır çocuk...
Bu farkındalığı zamanı planlamaya çevirmeli ve sonra
planladığı zamanın emrine girebilmelidir.

Böylelikle düzen ve irade gelişir çocukta...

Çocuk düzen, irade ve duyarlılığı kazanmışsa okul öncesi
dönemin temeli oluşmuş demektir. Zira bundan sonra
öğreneceği her şey bu temel üzerine bina edilecektir.

50

" OKUL ÖNCESİ
EĞİTİMDE
ÖĞRETMEN
DİSİPLİNLİ VE
OTORİTER DEĞİL,
ANNE GİBİ ŞEFKATLİ
OLMALIDIR "

Okul öncesi dönemdeki çocuğun en önemli özelliği güçlü bir duygusal savunma mekanizmasının olmasıdır.

Otoriteyi reddedişleri vardır bu dönemdeki çocukların... Baskıya karşı büyük dirençleri...

Çünkü çocuğun bu dönemdeki gelişimi içsel motivasyonla gerçekleşir, dışarıdan değil...

Okul öncesi dönemde bir öğretmen çocuğa zorlamayla yaklaşacak olursa hemen çocuğun iç filtrelerine takılır.

Zira çocuk kişilik inşası çabasındadır ve kendi içiyle meşguldür.

Dış baskıya tepki gösterir... Bu tepkiselliği öğretmeniyle uyumuna engel olur ve öğrenmesini aksatır.

Çocuğa erişmek isteyen bir öğretmen mutlaka şefkatli bir yaklaşım sergilemelidir, çocuğun içini tedirgin etmeden, içinin inşasına dokunmadan...

Anne gibi şefkatli bir öğretmenin yanındaki çocuk, iç inşa sürecini kaygısızca devam ettirebilir.

51

" BİLGİ İLE DEĞİL, İÇSEL DUYUŞLARIN YOL GÖSTERİCİLİĞİYLE ANNE OLUNUR "

Çocuk sahibi olduğunda, o çocuğun heyecanı düşer her annenin içine...

İçsel duyuşlar, bir annenin en güçlü yol göstericisidir... Çocuğu büyürken karşılaşacağı her sorunu annelik hissiyle çözüme kavuşturabilir...

Hiçbir kitap, hiçbir pedagog her çocuğun her durumuyla ilgili bilgiyi aktaramaz anne babaya.

Çocuğun ihtiyaç duyduğu bütün bilgiler annenin iç haritasında gizlidir, kitaplarda değil...

Önemli olan, annenin iç haritasında saklı şifreleri kendi içinde okuyabilmesidir.

52

"KATI DİSİPLİNLİ BİR ANNENİN ÇOCUĞU 'ŞEKLEN' DÜZEN İÇİNDE GÖRÜNSE DE 'RUHEN' DUYGUSAL YOKSUNLUKLAR İÇİNDEDİR"

Çocuğun dış disiplini iç disiplinine bağlıdır; iç düzeni de dış düzene...

Katı ve otoriter bir ebeveyn, çocukta dış düzeni sağlayabilir belki, ancak iç düzeni bozar bu baskıcı tutum...

Bundandır ki, baskıcı ortamlarda yetişen çocuklar dışarıdan bir düzen içinde gibi görünseler de ya içlerinde hep bir yoksunluk içindedirler; yetişkin de olsalar çocuksu özgürlüğe özenirler... Ya da, baskılar yüzünden duygusal ihtiyaçları kapanmış haldedirler...

Çocuğun dış düzeni iç düzenine bağlıdır...

Ebeveynler dış düzene değil, çocuğun duygu dünyasındaki düzene önem vermelidir...

Eşyanın halleriyle barışık olmakla ve eşyaya saygın davranmayı bir yetenek haline getirmekle gerçekleşen bir kazanımdır düzen içinde olabilmek...

53

" ÇOCUK AŞAĞILANDIKÇA İKİ İNSANİ HİSSİNİ YİTİRİR; MAHCUBİYET VE UTANMA "

İnsanın en temel iki hissidir mahcubiyet ve utanma duygusu...

İç terazinin dengeleyicisidir bu iki his...

İnsanın içindeki taşkınlıkları düzene sokan da bu iki histir.

Bu hisler, çocuğun içindeki hassasiyeti, duyarlılığı sürekli canlı tutar...

Bundandır ki, çocuğun mahcubiyet ve utanma duygusuna dokunmamalı, bu duygular zarara uğratılmamalıdır... Çocuk bu terazinin dengesini kaybettiği kadar vicdani dengesini de kaybeder...

54

"ÇOCUKLARDA BAĞIMLILIK BİR 'DOYAMAMA' HALİDİR"

İhtiyaçları "vaktinde ve yeterince" karşılanmış hiçbir çocukta bağımlılık oluşmaz.

Çocuklar genellikle ebeveyne yakın olma çabası içinde fakat kendileri olarak gelişimlerini sürdürürler.

Dışarıda incinen, gece korkulu rüyalar gören, anne babasını kaybedeceğiyle ilgili kaygılar taşıyan çocuk, içine düştüğü duygusal zordan kurtulmak için anne babaya geçici olarak yakınlaşma ihtiyacı duyar.

Bu yakınlaşma, bir ihtiyaç giderme çabasıdır aslında, bağımlılık değildir.

Bu dönemde ebeveyn çocuğa reddedici yaklaşmaz ve duygusal ihtiyaçlarını koşulsuzca karşılarsa çocuk kendini toparlar. Ve yakınlık kurma ihtiyacını gidererek anne babadan ayrılır.

Duygusal ihtiyaçlarını giderirken engellerle karşılaşan çocuk ise yoğun bir şekilde bağlanma ve ihtiyaç giderme çabasıyla hırslanır.

Dışarıdan bakınca bağımlılık gibi görünse de duygusal ihtiyacın en yoğun halidir bu.

Bir "doyamama" halidir...

55

"İHTİYAÇLARI KARŞILANAN DEĞİL, KENDİSİNE İHTİYACI OLMAYAN ŞEYLER SUNULAN ÇOCUKLARDA BAĞIMLILIK OLUR"

Birçok ebeveyn, duydukları sevgiden dolayı, çocuk için ihtiyacı olmayan şeyleri de ona sunmaya çalışır...

Örneğin hiçbir çocuğun cips yemeye ihtiyacı yoktur... Ancak çocuğuna cips alan ebeveyn bir süre sonra çocukta bir tür cips bağımlılığı oluştuğunu görecektir...

Çocukların televizyon seyretme ihtiyacı yoktur, onlar doğal yaşamdan daha çok keyif alırlar... Ancak çocuğu televizyonla tanıştırmak onun bir süre sonra televizyona bağımlı olmasını da beraberinde getirir...

Çocuğun 5 yaşında telefona ihtiyacı yoktur, ebeveyn çocuğuna telefon alırsa bir süre sonra bağımlılık oluşturur telefon onda...

Bundandır ki çocuk, içinde bulunduğu yaşın ihtiyacı kadarını ebeveynden gidermelidir...

Ne az, ne de çok...

56

" YAŞAM,
KENDİNE
GÜVENLE
BAĞLANANLARA
HUZUR
VERİR "

Kendini emniyet içinde birine bırakmayı ve bağlanmayı öğrenmiş olan kişi, yaşamla savaşmak yerine bağ kurmayı dener...

Mutsuz, huzursuz kişilerin en belirgin özelliğidir, bir savaştaymışçasına hayatı yenmeye çalışmak...

Oysa yaşam bir tsunami gibidir... İnsan onun üstünde sörf yapmayı öğrenirse boğulmaktan kurtulur...

Yoksa tsunamiye karşı savaş vermek çok da akıllıca değildir.

Çocuk da anneyle savaşmak yerine, onunla uyumlu olmayı öğrendikçe ihtiyaçları giderilir.

Hayat da böyledir işte... Kendisiyle mücadele edenlere değil, uyum sağlayanlara huzur verir...

Anne babalar çocuğa yaşamla uyumlu olmayı öğretmelidir, savaşmayı değil...

Zira bağlanmayı öğrenmişse ve hayata bağlanmışsa huzur içinde olur insan...

57

" BİR KİŞİNİN CEZALANDIRILABİLMESİ İÇİN, 'İRADE, KASIT VE EHLİYET' OLMASI ŞARTTIR Kİ BUNLAR ÇOCUKTA YOKTUR "

Çocuk cezayla terbiye olmaz.

Hukukta üç temel değer aranır bir kişinin cezalandırılması için... İrade, kasıt ve ehliyet...

Bir eylem "kasten" yapılıyorsa cezalandırılır. Çocuğun bir hatası varsa bilgisizliktendir, kasıtlı değildir.

Yine hukukta "irade" varsa ceza vardır. İnsan kendi iradesiyle bir suç işlediyse ceza alır... Çocukta ise henüz tam bir irade yoktur... 12 yaşına kadar olgunlaşacak "irade gelişim süreci" içindedir çocuk.

Hukukta akli dengesi yerinde olmayan birine de ceza verilmez, ehliyeti yoktur çünkü. Eşyanın tamamına vakıf değildir ve yaptığı eylemin bir bütün halinde ne içerdiğini bilemez.

Çocukta da ehliyet yoktur...

Çocuğa ceza ile ancak davranış öğretilir.

Halbuki çocuğun ihtiyaç duyduğu şey duygusal olgunlaşmadır, davranış değil... Ve duygusal olgunlaşma ceza ile gerçekleştirilemez.

58

" HİÇBİR ÇOCUK ŞİDDETE EĞİLİMLİ DEĞİLDİR; ÇOCUK İÇİN SALDIRGANLIK BİR SAVUNMA EYLEMİDİR "

Aslında saldırganlık insanın içinde bir potansiyeldir... Ve dışa vurumu şiddettir.

İnsan kendini tehlike altında hissettiğinde ortaya çıkar "saldırganlık"...

Çocuk zaman zaman kişiliğine dokunan, üzerinde baskı oluşturan durumlar yaşar yetişkinler yüzünden...

Halbuki çocuk yetişkinlerden adalet bekler, onurunun incitilmemesini ister... İşte bunları göremediğinde ve hakkı korunmadığında ortaya çıkan bir duygu durumudur "saldırganlık"...

Zira "saldırganlık" aslında kendisine yönelmiş olan haksızlığı bertaraf etmek için çocuğun bir savunma çabasıdır.

Hiçbir çocuktan saldırgan davranış beklenmez her şey yolundaysa eğer...

59

"NEGATİF
SÖZLERLE
POZİTİF
KİŞİLİK
OLUŞMAZ"

Ebeveynler çok defa çocuklarına olumsuz his vererek, onların doğru davranışlara yöneleceğini düşünürler. Ki doğrudur... Olumsuz hislerle olumlu davranışlar oluşur...

Aşağılanan çocuk bir daha aşağılanmamak için o davranışı terk eder...

Utandırılan ya da mahcup edilen çocuk aynı acıyı bir daha yaşamamak üzere o davranıştan vazgeçer...

Ancak olumsuz sözler çocuklarda davranış değişikliği oluştursa da çocuğun duygularını bozar... Ve çocuk bir süre sonra anormal davranışlar içine girer.

Misafirlikte şekeri avuçlayan çocuğu annesi, "Sen ne biçim çocuksun, beni utandırdın" diye aşağılarsa, çocuk bir daha şekeri avuçlamaz. Ancak aşağılanmanın verdiği huzursuzlukla komşu çocuğuna sebepsizce tekme atar. Anne, çocuğa şekeri avuçlamayı bıraktırmışsa da olumsuz başka bir davranış oluşturmuş olur.

Anne babalar, olumsuz hislerle oluşan olumlu davranışların geçici olduğunu bilmelidirler.

Zira pozitif kişiliğin gereği olumlu hislerdir.

60

"ÜZERİNDE BASKI OLAN ÇOCUK HİPERAKTİF DAVRANIŞLAR SERGİLER"

Eğer bir hiperaktif bozukluğu içermiyorsa, çocuğun hareketliliği çoğunlukla yaşadığı olumsuz duygulardan kaynaklanır.

Çünkü normal bir çocuğun aşırı hareketliliği acıyı duymamak için kendisini oyalama davranışıdır.

Eğer şiddet uygulanıyorsa ve duygusal acı veriliyorsa hareketlenmeye başlar çocuk...

Kendi hislerini duymamak için... Acıyı duymamak için... Algısını düşürmek için...

Böylesi bir çocuğun duygusal onarıma ihtiyacı vardır.

Anne ve babayla buluşmaya, duygusal desteğe ihtiyacı vardır; bastırılmaya değil, yeniden yeniden cezalandırılmaya hiç değil...

61

" ÇOCUĞU CEZA VE MÜKÂFATLA EĞİTME ÇABASI, ONU EDİLGENLEŞTİRMEKTEN BAŞKA BİR ŞEY DEĞİLDİR "

Davranışlar içsel kabullerle oluştuğu sürece değerlilik taşır.

Ceza ve mükâfatla kazanılan davranışların içsellik kazanma ihtimali zayıftır.

Zira ceza ve mükâfat dış motivasyondur, içselleşmek ise iç motivasyonla olur.

Mükâfat çocuğu bir beklenti içine sokar. Alabilmek için kendi gibi olmak yerine mükâfat peşinde koşarken kendisinden istenildiği gibi olmaya çalışır çocuk.

Ceza verildiğinde de kişiliğini korumak ve üzerindeki baskıyı kaldırabilmek için ceza verenin istediği gibi olmaya çalışır.

Çocukta ceza ve mükâfatla davranış değişikliği yapmanın hazin sonu, çocuğun yetişkine edilgen olmasıdır.

62

"BAĞ KURAMAYAN EBEVEYNLER BASKI KURAR"

Ancak çocuklarıyla gerçek bir bağ kuran ebeveynler çocuklarına tesir edebilirler...

Kurulan bağ, ebeveyn çocuk arasında bir uyum oluşturur.

Çocuğuyla bağ kuramadığı için ona tesir edemeyen ebeveyn, sözünün dinlenmesi için ceza, baskı ve şiddet kullanma yanılgısına düşer.

Çocuğu baskı, ceza ve şiddetle eğiteceğini düşünen ebeveynler, girdikleri yolun bir çıkmaz sokakla sonlanacağını bilmelidir...

63

"EBEVEYNİN BASKICI TUTUMU KARŞISINDA AĞLAYAN ÇOCUĞA BİR DE AĞLAMAMASI İÇİN BASKI YAPMAK, ÖFKEYE SEBEP OLUR"

Ağlamak bir duygusal boşalımdır; sağılma halidir. İnsanın içindeki olumsuz duyguların gözyaşlarıyla dışarı atılmasıdır. Fakat baskı sonucu ağlamalarla değil, doğal ağlamalarla gerçekleşir bu boşalım...

Ağladıkça duyguda derinleşmeyi öğrenir insan. Tıpkı güldükçe duygularında genişlemeyi öğrendiği gibi...

Eğer bir çocuk duyguda derinleşmek üzere ağlıyorsa ona "ağlama" demek, ihtiyacını gidermesine karşı bir baskıdır aslında.

İhtiyacı giderilmeyen çocuk hırçın olur. Bu yüzden ebeveynler çocuğun ağlama ihtiyacını gidermesine izin vermelidir.

Bununla birlikte çocuğun ağlamalarına kopmamış bir bağ ile fırsat verilmelidir, duyarsız bir ilgisizlik içerisinde değil...

64

"ÇOCUKLUK DÖNEMİ, BENLİĞİN İNŞA DÖNEMİDİR, TAMAMLANMAMIŞ BİR BENLİĞE CEZA VERMEK, BENLİK İNŞASINI ZARARA UĞRATIR"

Çocukluk dönemi insan olma inşasının devam ettiği dönemdir.

Bu inşada minnet duygusu oluşturmayan, mütevazı bir yardıma ihtiyacı vardır çocuğun...

Kendini geliştirebilmesi için özgür bir ortama...

Kendini koşulsuzca seven bir yetişkine...

Kişilik inşası, ancak bu değerlilik içinde olursa güçlü bir biçimde gerçekleşir...

Benlik, ancak kendini emniyette hissederse mizacı ortaya çıkarabilir...

Hatası, kusuru hoşgörüyle kabul edilirse çocuk rahatlar ve benlik inşası kaygısızca devam eder...

Çocukluk dönemi, kaygısızlık dönemi olmalıdır ki, kişilik inşası devam edebilsin...

Baskı uygulanmış, zorlanmış ve cezalandırılmış çocukların yaşadıkları kaygı ve güvensizlik hali kişilik inşasına zarar verir. Çocuk kendi gibi olmak yerine, zarara uğramamak için istendiği gibi olmaya çalışır...

Bu, bir çocuğun başına gelebilecek en trajik haldir...

65

"NE TALİHSİZDİR
O ANNE BABALAR Kİ
DÜNYADA
ÇOCUKLARINI
DEĞİL KENDİLERİNİ
GEZDİRİRLER"

Çocuk merkezli bir hayatı olan anne babalar hem çocuklarının kişiliğini geliştirir hem çocukla yaşamanın keyfine varırlar.

Çocukla birlikte yaşama becerisi, bir yetişkinin elde edebileceği en üstün yeteneklerden biridir...

Evin kırık döküklerini tamirle meşgul bir babanın, yanına oturan çocukla konuşarak iş yapabilmesi üstün bir yetenektir...

Çamaşırları katlayan bir annenin çocuğuna fırsat vermesi, ona çamaşır katlamayı öğretmesi üstün bir beceridir...

Parka, bahçeye çıkıldığında hayata çocuk gözüyle bakabilmek, onun dünya hakkında sorduğu soruları cevaplamak için çaba harcamak da bir üstünlüktür...

Bir yetişkinin en büyük talihsizliği çocuğunun ihtiyaçlarını göremeyip kendi yaşamına devam etmesidir...

66

" ÇOCUKLAR 3-4 YAŞLARINDA BELLEK YİTİMİNE UĞRAR "

Çocuklar fiziksel olarak 9 ayda doğsalar da... Ruhsal doğum yaklaşık 3-4 yıl sürer...

4 yaş öncesi çocuk ayrı bir ruhsal âlemdedir...

Henüz doğmamıştır...

Nasıl ki fiziksel doğum öncesi dönemi hatırlamak imkânsızdır... Bu kadar kesin çizgileri olmasa da, ruhsal doğum öncesi yaşananların da hatırlanması zordur...

Ruhsal doğumla birlikte çocuk, yeni bir zihne sahip olur... Öncesinde yaşadıkları bu yeni bellekte, hatıra olarak değil, his olarak kaydedilmiştir...

Bundandır ki, çocukluk yılları his edinim yıllarıdır... Çocuk, ebeveyniyle ne yaşadığını hatırlamaz ama ebeveyni yanındayken ne hissettiğini hatırlar...

Çocuklar ancak çocukluk yıllarını olumlu hislerle geçirdilerse, yeni belleklerinde olumlu duygularla bellek temellerini oluştururlar...

67

" OKUL ÖNCESİ ÇOCUKLARIN EN BÜYÜK İHTİYACI ÖZGÜRLÜKTÜR "

Çocukluk yılları insanın en hızlı geliştiği yıllardır...

Bundandır ki çocuğun en büyük ihtiyacı kendini geliştirebileceği özgür bir ortamdır.

Çocuk ancak kendisine sunulmuş özgür bir ortam varsa gelişimini hızlıca sürdürür...

Engellenen, sınırlandırılan, yasaklar içinde bırakılan çocuklar sadece "sakar" olmaz, aynı zamanda zihinsel gelişimde de yaşıtlarından geride kalırlar...

Zira zihinsel gelişim fiziksel özgürlükle canlılık bulur...

Çocuk koşuyorsa, zihin bir yerlere çarpmadan ona yol aldırmada yardımcı olur... Koltuktan koltuğa zıplıyorsa, mesafeyi hesap eder zihin...

Hareketleri kısıtlanmış olan çocukların zihni de kısıtlanmıştır...

Yetişkinlerin çocuğa sunabileceği en büyük iyilik; özgür bir ortamdır...

68

" ÇOCUK, YETİŞKİNİN OYUNCAĞI DEĞİL, YAŞAMA HAZIRLANAN BİR AZİZ MİSAFİRDİR "

İnsanın en ciddi hali yeni doğduğu haldir...

Ve hiçbir insan yeni doğmuş çocuk kadar başarılı değildir...

Zira yeni doğan bir çocuk zamanla yarışır gibidir...

Bir yaşına kadar yürümeyi öğrenmelidir...

İki yaşına kadar konuşmayı...

Çevreyi tanımalı, eşyayı kullanmayı öğrenmeli...

Bedeniyle eşya arasında bir bütünlük kurmalıdır...

Ve bütün bunlar için az bir zamanı vardır; çocukluk yılları kadar...

Bundandır ki çocuğun işi ciddidir...

Yetişkin çocuğa bu derinlikte bakmalı, onu kendisinin bir oyuncağı, haz kaynağı, keyiflenme aracı olarak değil, yaşama hazırlık yapan bir insan olarak görmelidir...

Onun duygusal ihtiyaçlarını gidermeyi ciddiye almalı, çocuğun bir yardımcıya ihtiyacı olduğunu hatırdan çıkarmamalıdır...

69

" ÇOCUK EBEVEYNLERE BİR SÜRE MİSAFİR OLARAK EMANET EDİLMİŞ BİR AZİZ MİSAFİRDİR "

Ebeveynin çocuğa bakış açısı ebeveyn çocuk ilişkisinin temelini oluşturur.

Eğer bir ebeveyn çocuğa "adam etmek" üzere bakıyor ve onu yontulacak bir ağaç gibi görüyorsa davranışları buna göre şekillenir...

Böylesi ebeveynler çocuklarına baskı ve şiddet uygulayarak onları şekle sokmaya çalışırlar.

Halbuki çocuk geçici bir süreliğine yetişkin yardımına muhtaç, dünyanın aziz bir misafiridir.

Çocuk, ebeveynin "malı" değildir.

Üzerinde serbestçe hareket edebileceği, duygularına, vücuduna istediği gibi müdahale edebileceği bir "materyal" hiç değildir...

Çocuğun duyguları da, bedeni de kendisine aittir...

Bu bakış açısına erişmiş yetişkin, çocuğuna saygı duyar... Onun varlığını kabul eder...

70

"PEDAGOJİDE ÇOCUĞUN ÜÇ DÜNYASI VARDIR; GERÇEK, HAYAL VE RÜYA.
OKUL ÖNCESİNDE BUNLARI AYIRT ETMEK ZORDUR"

İnsanın üç dünyası vardır; gerçek dünyası, hayal ve rüya...

Yetişkinler hayal ile gerçek arasındaki farkı bilirler, rüyanın gerçek olmadığının farkındadırlar...

Ancak çocuk değil...

Çünkü çocuk aklıyla değil duygularıyla yaşar... Duyguları hangi âlemde ne hissederse, hissettiği şeydir çocuğun yaşadığı dünya...

Rüyada mutlu olan çocuk, mutludur... Hayalindeki işlerin peşinde giderken sevinçlidir...

Üç dünyanın hissi, tek bir ruhta karşılık bulur...

Yıllar geçtikçe, rüyalar gerçeklerden, gerçekler hayallerden ayrılır...

Ve bu ayrılış adım adım hayal kırıklıklarını ve hüznü de beraberinde getirir...

Bundandır ki, çocukluk yılları yaşanabildiği kadar özgürce yaşanmalıdır...

Zira yetişkinlikte en özlenilen yıllar, çocukluk saflığındaki yıllardır...

71

"HER KİM ÇOCUK EĞİTMEYİ GÖZE ALIRSA ÇOCUKLAŞMAYI DA GÖZE ALMALIDIR"

Çocuk yetişkinden ayrı bir ruhsal âlemde yaşar...

Bu âlem, çocuğa has rahatlık ve renklilik içindedir...

Yetişkinlerin dünyası çocuğa uygun değildir...

Orada hırs vardır... öfke vardır... yarınlara dair planlar vardır, kaygılar vardır... ve geçmiş yaşama dair sorunlar vardır...

Çocukta ise ne geçmişe dair sorunlar, ne gelecek günlere dair kaygılar vardır...

Bundandır ki çocuk ruhu, insanı iyi eder... Onun kaygısızlığı yetişkine iyi gelir...

Çocuk, eğitilirken, onun çocuksu dünyasına girmek, onu orada gözlemlemek, yetişkinden farklı bir ruh haliyle yaşadığını fark edip ona oradan hitap etmek gerekir...

Çocuğun dünyasına giremeyen yetişkin, çocuğu kendi dünyasına getirmek zorunda kalır ki, böylesi bir durum çocuk için hiç de huzur verici değildir...

72

" DAVRANIŞLAR KENDİ BAŞINA BİR ANLAM TAŞIMAZ, ZİRA HER DAVRANIŞ BİR DUYGUNUN DIŞA VURUMUDUR "

Davranışların kökeni duygulardır... Duyguların şekle bürünmesine davranış denir...

Çocuk hangi duyguyu yaşıyorsa ortaya koyduğu o duygunun davranışıdır...

Çocuğun dil çıkarmasının, bağırmasının davranış olarak bir anlamı yoktur, ancak o davranışa sebep olan duygudur çocuk eğitiminde önemsenmesi gereken kısım...

Tırnak yemesi hiçbir anlam taşımaz, ancak tırnak yiyen çocuğun duygusal bir zayıflık içinde olduğunun bilinmesi bir anlam taşır.

Çocuğun gece karanlıktan korkması bir anlam taşımaz, ancak ebeveyniyle bağlanamamış olmaktan kaynaklanan zayıflığın bir anlamı vardır...

Pedagoji çocuk davranışlarına o davranışa köken oluşturan duyguları analiz etmek için bakar, yoksa o davranışın kendisini beğenmediği için değil...

Ve bir davranışı düzeltmek için, o davranışa sebep olan duyguyu düzeltmeye gayret eder...

73

"DUYARSIZCA SÖYLENEN SÖZLERLE DEĞERLER EĞİTİMİ OLMAZ"

Değerler eğitimi duyguya dönük bir eğitimdir...

Zihinsel eğitim gibi bilgiye dayalı değil, hisse dayalıdır...

Hisler açık olduğunda değerlerin kabulü kolaydır...

Hislerin açık olabilmesi için, kişinin kendini güvende hissetmesi şarttır...

Baskı ve zorlama, duyguların kapanmasına yol açar...

Duygu dünyası kapanmış kişiye, değerler eğitimi vermek neredeyse imkânsızdır...

Bundandır ki, çocuğa din, ahlak ve fazilete dair bilgi verecek kişinin duyarlı olması ve bu duyarlılıkla çocuğun kendini emniyet içinde hissetmesi şarttır...

Duyarsızca verilen değerler eğitimi, o değerin kazanılmasına değil, hafife alınmasına ve içtenleşmemesine sebep olur...

74

"ÇOCUK İKNA EDİLDİKÇE DEĞİL, İKNA OLDUKÇA GELİŞİR"

Birçok anne baba, çocuklarına bir çırpıda iyiyi ve doğruyu öğretmek ister...

Halbuki öğrenme adım adım gerçekleşir, kendine has bir hızı ve içselleşme süreci vardır...

İçselleşme süreci dikkate alınmadan öğretilmeye çalışılanlar, insan organizması tarafından tepkiyle karşılanır...

Bu nedenle, bir kişiyi bir konuda ikna etmeye çalıştıkça, o kişinin savunmaları ile karşılaşılır... Belki kendi haline bırakıldığında kendisinin de kabul edeceği düşüncelerin zorla veriliyor olması kişiyi rahatsız eder...

Her yeni bilgi insanın ihtiyacıdır... Ancak bu bilgi, insan onuruna ters düşmeyecek, baskı ve zorlama olmayacak şekilde göz önüne serilirse, insan bu fikirlerden istifade eder...

Bu, çocuk için de böyledir...

75

"KONUŞURKEN DİNLENEN ÇOCUK KENDİNİ DEĞERLİ HİSSEDER"

Çocuğun değer görmesi güven duygusunun oluşumuna sebeptir.

Düşünceleri ve duyguları onaylandıkça varlığı onaylanır çocuğun...

Konuşurken dinlenilmek, o sesin sahibinin varlığını kabul etmektir...

Düşünceleri "çocukça" da olsa ciddiye alınmak, düşüncelerine yankı bulmak, kendini değerli hissettirir insana...

Düşüncesinin konuşulmaya değer olduğunu görmek, insana kendini iyi hissettirir.

Değerli olma hissini verir insana...

Konuşurken bakılmayan, göz teması kurulmayan, sözleri sürekli kesilen ve eleştirilen çocukların en temel hissi ise "değersizlik hissidir."

76

"AİLE İÇİNDE
DEĞER GÖREN
ÇOCUKLARIN EN
BELİRGİN
ÖZELLİKLERİ
'KAYGISIZ
TEBESSÜMLERİ'DİR "

İnsanın en derin ihtiyacı; var olma ihtiyacıdır...

Çocuk ancak var olduğunu hissederse kendini değerli hisseder...

Yokmuş gibi yaşayan çocuklar değersizlik hissi taşırlar...

Konuşurken söz hakkı verilmeyen... dinlenilmeyen...

Herkesle konuşulduğu gibi, kendisiyle konuşulmayan...

Her an bir yanlış yapacakmış gibi sürekli gözaltında tutulan...

Eleştirilen... durdurulan... engellenen...

Böyle bir ortamda yetişen çocuk, varlığını ortaya koyamaz... Kendini ortaya koyamadığı kadar da değersizlik hissine kapılır...

Halbuki çocukluk yılları, duyguların özgürce yaşanacağı, konuşurken tebessümle dinlenilecek yıllardır...

İçinde bulunduğu çevre çocuğa değerlilik hissini yaşatıyorsa böylesi çocukların en belirgin özelliği, kaygıdan arınmış, doğal tebessümleridir...

77

KİŞİLİĞİ 'DEĞERSİZLİK HİSSİ' İLE OLUŞAN ÇOCUK, DEĞERSİZ İŞLERE DEĞER KAZANDIRMA EĞİLİMİNE GİRER

Çocukta bir değersizlik hissi varsa, içindeki değersizlik oranınca o değeri kazanma çabasına girer ki bu bir bilinçdışı davranıştır... Ve çocuğun en trajik yanıdır...

Değersizlik hissi taşıyan bir çocuk, sürekli bir sevilme çabası içindedir... Kendini sevdirmek için, sürekli sevgi gösterilerinde bulunur...

Kimi zaman annesinin koluna yüzünü sürter, babasına sokulup tensel teması artırmaya çalışır...

Kimi zaman yetişkinin etrafında zıplayarak döner... vurur kaçar... anlamsızca güler, dil çıkarır, tükürür...

Bu davranışlar kimi zaman kendini sevdirme çabasından, kimi zaman sevgisizliği kabullenemediği için kızgınlığındandır...

Birçok yetişkin çocuğun bu "yılışık" davranışlarına sert karşılık vererek durdurmaya çalışır...

Halbuki böylesi davranışlar çocuğun kendini daha da değersiz hissetmesine sebep olacağı için asla yapılmamalıdır...

Değersizlik hissi ile "yılışık davranış" sergileyen çocuğa yapılacak en büyük iyilik, ona koşulsuzca kucak açmak ve kendini değerli hissettirerek toparlanmasına yardımcı olmaktır...

78

" HATIRLANMAYAN
GEÇMİŞ,
YAŞANAN
DEĞERSİZLİK
HİSSİNDENDİR "

İnsanın yaşadığı her şeyi tek tek hatırlaması zordur...

Bu zorluğun ana sebebi, kişiyi huzursuz eden hatıralardır...

Zihin, ruh sağlığını korumak için, geçmişte yaşanmış olumsuzlukları hatırlamak istemez... Bu, zihnin insanı korumak için giriştiği bir çabadır...

Zihin olumsuz hatıraları bilinçaltına atar... Burada olumsuz hisler birikintisi oluşur...

Kişi geçmiş yıllarda yaşadıklarını hatırlamak istese de, onlar artık silinmiş defter sayfaları gibi, kayıt altında değildir...

Sürekli unutkanlık hali, kaygılı bir ruh halinin sonucudur...

Zihin yaşadığı her olayı sanki kötü bir hatıra bırakacakmış gibi, otomatik olarak bilinçaltına atmaya girişirse unutkanlık başlar...

Okul öncesi dönem, çocuğun en korunaksız yılları olduğu için bu dönemde çocuğa olumsuz duygular yaşatmamak gerekir.

Ki sürekli bir unutkanlık halinin başlangıcı yaşanmasın...

79

"ÇOCUKLUĞUN EN BELİRGİN ÖZELLİĞİ DİKKAT DAĞINIKLIĞIDIR"

Her ne kadar hayat yetişkinler için zor olsa da çocuklar için çok eğlencelidir.

Dünyayı ve içindekileri yeni yeni tanıyor olmak heyecan vericidir.

Kuşlar nasıl yem yer...

Kelebekler nasıl uçar...

Karıncalar yerin altına nasıl girer...

Yağmur nasıl yağar...

Bitmek bilmez soruların peşindedir çocuk...

Aklının tek bir yere odaklanması oldukça zordur...

Zihnin tek bir noktaya odaklanması "irade" ister, bu da çocukta yoktur...

Bu nedenle dikkatinin dağınık olması çocuğun kusuru değildir...

Zamanla geliştireceği bir beceridir...

80

OKUL ÖNCESİ ÇOCUKLARA PEYGAMBER SEVGİSİ, PEYGAMBER ÇİLELERİ ANLATILARAK KAZANDIRILMAZ

Çocuklar yetişkinler gibi değildir...

Onlar neşeli ve mutludurlar... Çocuklardaki bu pozitif ruh, onların gelişiminin olmazsa olmazıdır...

Çocuğu mutsuz etmek, onun gelişim enerjisini yok etmektir...

Bundandır ki, 12 yaş öncesinde çocuklara azaptan, gazaptan, cehennemden veya yaşamın olumsuz yanlarından bahsetmemek gerekir.

Peygamber sevgisi kazandırmak için onların yaşadığı çilelere vurgu yapmak, çocukta bilgi karmaşası oluşturur...

Dine yakınlaşmaya değil, dinden çekinmeye neden olur...

"Madem Allah peygamberini seviyor, o zaman ona neden acı çektirdi... Allah sevdiklerine acı çektiriyorsa, beni severse ben de mi acı çekerim..."

Bu düşüncelere dalan çocuk, peygamberi örnek alıp yaşamak yerine, onun gibi olmaktan korkar...

Çocuklarına peygamber sevgisi kazandırmak isteyen ebeveynler, onların çektikleri acılardan değil, sevgi ve şefkat dolu davranışlarından yola çıkmalıdır...

81

"ERDEMLİ DAVRANIŞLAR ÖĞRENİLMEZ, 'EDİNİLİR'"

Edinmek, ruhun öğrenmesidir, davranışın içtenleşmesidir...

Öğrenmek ise zihinsel bir faaliyettir...

Bir davranışın içtenleşmesi için, o davranışın ruhen benimsenmesi gerekir... Ruhen benimsenmemiş davranışlar, kalıcı değildir...

Kişilik ve karakter; öğrenilmiş bir davranış değil, edinilmiş kazanımdır...

Erdemli davranışlar, kişiliğin bir parçasıdır.

Kişiliğin parçası olan davranışlar akılda değil, ruhta barınır...

Okul öncesi dönem, çocuğun erdemli davranışları zorlanmadan içtenleştirebildiği bir dönemdir.

Çocuk ancak erdemli davranışlara sahip yetişkinin yanında erdemli bir kişilik elde eder...

82

"ÇOCUK YETİŞTİRMEK TEK BAŞINA KENDİ ÇOCUĞUNU YETİŞTİRMEK DEĞİLDİR, TOPLUMSAL BİR DUYARLILIK HALİDİR"

Duyarsız bir toplum içerisinde duyarlı çocuk yetiştirmek, başka çocuklara yem yetiştirmektir...

Bazı anne babalar çocuklarına nezaketi, zarafeti, dürüstlüğü bir erdem olarak kazandırmaya çalışırken, diğerleri duyarsızlığı, kabadayılığı, cingöz olmayı bir marifet olarak öğretiyorsa; duyarlıca yetişen çocuklar diğerlerinin oyuncağı olmaktan kurtulamaz...

Bundandır ki, bir çocuğa kötü davranan yetişkin sadece kendi çocuğuna değil, bütün bir topluma zarar verir... Kendi çocuğuna şiddet uygulayan bir ebeveyn, o toplumda şiddet eğilimli bir çocuk yetiştirdiği için, herkesi ilgilendirir.

"Benim çocuğum değil mi, ister severim, ister döverim" sözü hem çocuğa, hem de bütün bir topluma saygısızlıktır...

Çocuğun hem duyguları, hem de bedeni üzerinde tasarrufta bulunmak, "Eti senin kemiği benim" diye öğretmene çocuk teslim etmek, bir insanlık ayıbıdır.

Hiçbir çocuğun ne eti ne de kemiği bir başkasına "istediğin gibi kullan" diye hoyratça teslim edilecek değersizlikte değildir...

Et de çocuğundur, kemik de...

83

"ÇOCUK TERBİYESİNİN ANA AMACI ÇOCUĞA 'DAVRANIŞ' DEĞİL, 'DUYARLILIK VE İRADE' KAZANDIRMAKTIR"

Birçok anne baba çocuklarını toplum içinde iyi davranışlarıyla görmek ve o davranışlarıyla övünmek ister.

Halbuki davranış bir sonuçtur.

Olumlu davranış, olumlu duyguların sonucudur.

Anne babalar direkt sonuç almaya odaklanmak yerine, çocuğun davranışlarına temel teşkil eden duygu dünyasına hitap etmelidir.

Çocuğun duygu dünyası iki kökten beslenir; "duyarlılık" ve "irade"...

Çocuk eğitiminde baskı ve zor kullanmak, duyarlılığa zarar verir... Korumacı davranmak da onun kendi başına iş yapabilme gücü olan iradesini zedeler...

Ebeveyninden vaktinde ve yeterince sevgi almış bir çocuk, duyarlılık kazanır. Her yaş döneminde yapması gerekenleri yapmasına izin verildikçe de iradesini geliştirir.

84

" ÇOCUK HATASI YÜZÜNE VURULDUKÇA DUYARSIZLAŞIR "

Bir kişinin hatası ortaya çıkartıldıkça, yüzüne vurulduķa,
kişi hatalarından ötürü mahcup edildikçe kendini emniyetsiz
hisseder. Duygusal acı verici an'ı hissetmemek ve içinde
derinleştirmemek için kendini kasar, kapatır ve algısını
düşürür.

Hataları sürekli yüzüne vurulan çocuklar tek çare olarak
iç dünyalarını kapatırlar. Bir süre sonra, bu çocuklara ne
söylenirse söylensin tesirsiz hale gelir bu yüzden.

Çünkü çocuk kendini kapata kapata bir süre sonra
duyarsızlaşır.

Kalabalıklar içinde veya yalnızken hatasını yüzüne vurmak
belki çocuğa o hatayı bir daha yapmamaya yönelik bir acı
tecrübe kazandırır. Fakat çocuk yaşadığı mahcubiyet hissiyle
birlikte duyarsızlığa doğru adım atar.

Davranış kazansa bile çocuk duyarlılığını kaybeder...

85

"BİR EBEVEYNİN ÇOCUĞUNA 'ARTIK SENİN ANNEN/BABAN OLMAYACAĞIM' DEMESİ DUYGUSAL ŞİDDETTİR"

Bazı anne babalar çocuklarına hiç vurmadıklarıyla övünürler. Halbuki aynı anne babalar çocuklarına duygusal şiddet uyguladıklarını çok defa fark etmezler...

Çocuğa vurmak fiziksel şiddettir, ancak tesiri duygularda oluşur...

Her fiziksel şiddet aynı zamanda duygusal şiddettir...

Tokat atılan bir çocuk... Kolundan tutulup dışarı fırlatılan bir çocuk... Sinirlenildiğinde tekme atılan bir çocuk... Uğradığı fiziksel şiddetin acısı ile değil, aşağılanmışlığın acısı ile ağlar...

Şiddetin asıl acıttığı şey, duygulardır...

Çocuğa tokat atıp fiziksel şiddet uygulamakla "Senin annen baban olmayacağım" demek arasında çok da fazla bir fark yoktur...

86

"DUYGUSAL YOKSUNLUK İÇİNDE OLAN BİR ÇOCUK İHTİYACINI DUYMAMAK İÇİN ALGISINI DÜŞÜRÜP HIZLI HAREKET ETMEYE BAŞLAR"

Çocuklarda hızlı ve sürekli hareket etmek çok defa onların "hiperaktif" olduğu yanılgısını oluşturur. Halbuki birçok çocuk yaşadığı duygusal acıdan ve uğradığı şiddetten dolayı hareketlidir.

Çünkü şiddet çocukta hareketlenmeye sebep olur. İster duygusal ister fiziksel şiddet olsun bu uygulanan...

Çocuklar yaşadıkları bu onur kırıcı hali içselleştirmemek için algılarını düşürürler. Yaşadıkları olayı tam algılamamak için hareketlenirler, sanki öylesi bir şey yokmuş gibi kendilerini koşmakla, sağa sola vurmakla oyalamaya çalışırlar.

Bu bir hiperaktif davranış değil, çocuğun ruh sağlığını korumak için başvurduğu bir savunma durumudur...

87

" ÇOCUĞUN DUYGUSAL İHTİYAÇLARININ KARŞILANMASI FİZİKSEL İHTİYAÇLARINDAN ÇOK DAHA ÖNEMLİDİR "

Birçok ebeveyn çocuklarının fiziksel gelişimini önemser...

Halbuki çocuğun duygusal gelişimi fiziksel gelişiminden çok daha önemlidir...

Zira duygusal gelişim, bütün gelişim hattının ana kaynağıdır...

Duygusal gelişimi güçlü olan çocuğun, sosyal gelişimi de güçlüdür... Arkadaş ilişkilerinde rahattır, güçlüdür çocuk...

Duygusal gelişimi iyi olan çocuğun zihinsel gelişimi de olumludur... Zira zihin, gücünü duygulardan alır... Duygu dünyası güçlü olan çocuğun, algıları da güçlü olur, zihinsel yetenekleri de...

Duygusal gelişimi iyi olan çocuğun, yemek yemesinde de pek sorun olmaz... Zira kendini iyi hisseden insan yemek yemekten keyif alır. Huzursuzluk, iştahın kapanmasına, hareketsizliğe, tükenmişliğe götürür... Bitkin ve huzursuz olur duygusal açıdan zayıf kişiler... Bu hal onların fiziksel gelişimlerini de olumsuz etkiler...

Bundandır ki, çocuğun duygusal gelişimi, sosyal, zihinsel ve fiziksel gelişimin merkezidir... Duygusal gelişim aksarsa diğer gelişimler de beraberinde aksar...

88

" DUYGUSAL
YOKSUNLUK
YAŞAYAN
ÇOCUKLAR,
SÜREKLİ HAREKET
HALİNDEDİRLER "

Çocuk incitildiğinde ve bir duygusal yoksunluk yaşadığında duygularını dinlememek üzere sürekli kendini meşgul etme ihtiyacı hisseder...

Okul öncesi çocukların kendini meşgul etmek için anlamsızca sağa sola kaçtığı, dil çıkartıp tekme attığı görülür.

Çocuğun sürekli hareket halinde olması; el, kol, yüz ve vücudunun kıpır kıpır olması içindeki rahatsızlığın bedenine yansımasından başka bir şey değildir...

89

"ÇOCUĞUN AĞLAMASININ SEBEBİ DUYGUSAL YOKSUNLUK İSE HEMEN GİDERİLMELİ; İKTİDAR MÜCADELESİ İSE AĞLAMASINA İZİN VERİLMELİDİR"

Okul öncesi dönemde çocukların ağlaması iki şekilde değerlendirilmelidir...

Biri "iktidar mücadelesi, diğeri "duygusal yoksunluk"tan kaynaklanan ağlamalardır...

İktidar mücadelesindeki çocuk, inat ederek bir işin olmasını sağlamak üzere ağlamayı araç olarak kullanır...

Böylesi ağlamaların kökeninde duygusal ihtiyaçlar yoktur...

İktidar mücadelesi için ağlayan çocuk istediğini elde ederse, bundan sonraki isteklerini elde etmek için ağlamasını daha da şiddetlendirir... İktidar mücadelesiyle ağlayan bir çocuk bu ağlamanın bir tesirinin olmadığını görmelidir ki ağlamaktan vazgeçsin...

Duygusal yoksunluktan ağlayan çocuğun ihtiyacı hemen karşılanmalıdır ki, bu ağıtlar çocuğun duygu dünyasında farklı anlamlara gelmesin... Örneğin, uyku bir fiziksel ihtiyaç olsa da duygusal bir ihtiyaç halidir; çocuk uykusuzluktan ağlıyorsa ihtiyacı hemen karşılanmalıdır... Annesinin kucağını istiyorsa bu ihtiyacı karşılanmalı... Gece karanlıktan korktuğu için ağlıyorsa ona sarılıp teselli etmek gerekir...

Karşılanmayan duygusal ihtiyaçlar, çocuğun gelişimini aksatır...

" HER GÜN YARIM SAAT SESSİZLİK OYUNU, ÇOCUĞUN DÜRTÜSELLİĞİNİ AZALTMADA ETKİLİDİR "

Çocuğun dürtüselliğinin azalması, büyük oranda çevresine bağlıdır.

Ebeveynin çok etkin bir karaktere sahip olması...

Aile içindeki hızlı yaşam...

Televizyon, internet ve teknolojik oyunlar çocuğun hiperaktif davranışlar sergilemesini artırır...

Çocuğun dürtüsel davranışlarını azaltmak isteyen ebeveynlerin, her gün yarım saatlerini "sessizlik saati"ne ayırmaları dürtüselliğin azalmasına fayda sağlayacaktır...

Kimsenin kimseyle konuşmadığı; televizyon, telefon ve internetin olmadığı saatlerde, kişilerin sükûnet içinde kendini dinlemesi, kitap okuması, sakince oturması çocuğun dinginleşmesine katkı sağlar.

" ÇOCUKLARDA 'ALAN' KAVRAMI OLUŞMADAN 'DÜZEN' ALIŞKANLIĞI OLUŞTURULMAZ "

Çocuklar yaklaşık 3,5 yaşlarına geldiklerinde kendilerine minik alanlar oluştururlar. Bu içsel bir yöneliştir.

Evde masa varsa altına girip etrafını yastıklarla kapatmaya ya da koltuklar arasındaki boşlukların üzerini bir yastıkla kapatarak içinde oturmaya, kız çocukları köşede bir yere gidip, bir alan çizip evcilik oynamaya içsel bir yöneliş gösterirler. Bu, alan oluşturma çabasıdır.

Alan oluşturan çocuklar, bir süre sonra yine içsel bir yönelişle o alan içinde düzen oluşturma gayretine girerler.

Anne babalar böyle yapan çocuğa "Masa, koltuk altına giriyor, her yeri oyun alanına çeviriyor, dağıtıyor" diye kızmamalıdır. Onun o sırada içsel bir yönelişle düzen alışkanlığının ilk adımı olan, alan oluşturma çabası içerisinde olduğunu görmelidirler.

Çocuğun böylesi davranışları anne baba tarafından desteklenmeli ve oynadığı oyuna eşlik edilmelidir.

Eğer bu yaşlarda çocuğun evin içinde alan oluşturma imkânı yoksa bir oyuncak çadır kurmak ya da çizgi veya halılarla alan oluşturmasına kolaylık sağlamak çocuğun ileriki yaşlarında düzen alışkanlığına kolay geçebilmesine yardım eder.

92

"'NE YAPARSAM YAPAYIM ÇOCUĞUM BENİ SEVER' SÖZÜ DOĞRUDUR AMA EKSİKTİR, ZİRA ÇOCUĞUN BAŞKA ALTERNATİFİ YOKTUR"

Ebeveyni tarafından incitilen bir çocuğun bir süre sonra tekrar gelip anne babasıyla konuşması, birçok yetişkinde yanılgıya sebep olur. Çocuğun ona ne söylenirse söylensin, anne babasını çok sevdiği, kırılmadığı, söylenenleri unutup gittiği yanılgısıdır bu...

Halbuki çocuklar da kırılır... İncinir... Ama yapacakları bir şey yoktur... Çünkü anne babalarına muhtaçtırlar...

Ve aslında, kişilik bozukluğuna giden süreç, çocuğun incitilmesi ve aşağılanması ile değil; kendisini aşağılayan biri ile yeniden iletişime geçmek zorunda olmasıyladır...

İnsan kendisini inciten kişiyle birlikte olmaya mecbursa kişiliğinden taviz vermek zorunda kalır... Bu, çocuk için de böyledir.

Yetişkinler incittikleri çocukların kendilerine gelip özür dilemesini beklemekle ikinci kez hata ederler. Çocuğa yapılan haksızlık karşısında yetişkin ondan özür dilemeyi bilmelidir ki, çocuk onurunu koruyabilsin...

93

> "ÇOCUĞA
> SABREDİLEREK
> YAPILAN
> EBEVEYNLİK,
> HEM ÇOCUĞU
> HEM EBEVEYNİ
> YIPRATIR"

Sabır, bir zorluk karşısında kendine hâkim olabilme becerisidir. Sürekli sabır, insanı tüketir.

Çocuk eğitimi çocuğa sabır üzerine kurulursa ebeveyn tükenir.

Çocuğa sabrederek yaşamaya çalışan ebeveyn, sadece kendini tüketmekle kalmaz, aynı zamanda çocuğunun üstünde de psikolojik baskı oluşturur. Sabrın getirdiği gerginlik, kendine hâkim olmak için gerilen kaslar, sıkılan dişler çocuk için birer baskı unsurudur.

Anne babalar, çocuklarına sabretmeyi değil, onunla birlikte yaşamayı ilke edinmelidir. Çocukla birlikte yaşamaktan keyif almadıktan sonra, çocuk ebeveyne yük gelir.

Çocukla birlikte yaşama becerisi elde eden yetişkinler, ruhsal olarak genişlerler.

Genişlik 'çocuğu olduğu hali ile kabul etme' farkındalığına erişmektir. Çocuğun çocuk olduğunu düşünmeli; çocukluk döneminin çocuğun koştuğu, coştuğu, takılıp düştüğü dönem olduğunu hatırlarından çıkarmamalıdırlar...

Ve her insanın bir tane çocukluğu olduğunu düşünmek, yetişkine mütebessim bir genişlik kazandırır...

"'ÇOCUKLUK DÖNEMİNDEKİ' ANORMAL DAVRANIŞLARIN TERKİ KOLAYDIR; EBEVEYN DEĞİŞTİKÇE ÇOCUK DA DEĞİŞİR"

Çocuk ne hissederse onu yaşar.

Olumsuz bir çevrede olumsuz davranışlar, olumlu çevrede olumlu davranışlar edinir.

Çocuğun davranışlarının kökeni kendine ait değildir, çevrenin yansımasıdır.

Bundandır ki, anormal davranışlı çocukların çevresi normalleştiğinde, çocuğun davranışları da normalleşir.

Çocuklarda görülen davranış bozukluklarıyla mücadele çocuğun bizzat kendisiyle değil, çevresiyle olmalıdır.

Yaş ilerledikçe anormal davranışların terki de zorlaşır. Bundandır ki, ebeveyn kendini ne kadar erken değiştirirse çocuk da anormal davranışı o kadar erken bırakır.

95

" ÇOCUK
BİR YAKINLIK
İÇİNDE
ÖZGÜRLÜK
ARAR "

Gelişimin en önemli ayrıntısı çocuğun bir duygusal yakına sahip olmasıdır.

Bu, duygusal gelişimin temel gücüdür.

Ancak bu yakınlık, çocuğun özgürlük alanını kısıtlamak için değil, onun, kendini iyi hissedeceği güvenli bir limanın varlığının verdiği emniyet hissi içindir.

Çocuk ancak kendini özgür hissettiği ve bir güvenli limanı olduğu kadar kişiliğini geliştirebilir.

Birçok ebeveyn, çocuklarına duyduğu şefkat hissi ve onların gelecekleri ile ilgili kaygılarından dolayı, sürekli müdahale halindedir. Bu bir ebeveynlik yanılgısıdır aslında. Sürekli müdahale edilmiş, duygu ve düşünceleri eleştirilmiş, sürekli yaptığı işe karışılmış bir çocuk duygusal bir yakınlığa sahip olsa da kendini geliştiremez.

Gelişimin temel şartı, hür olmaktır...

"KENDİYLE PROBLEMİ OLMAYAN ANNE BABANIN, ÇOCUĞUYLA PROBLEMİ OLMAZ"

Yetişkinler çocuklarıyla ilgili bir problemle karşılaştıklarında, problemin çözümünün çocukta olduğunu düşünürler.

Halbuki okul öncesi çocuklarda görülen davranış problemlerinin birçoğunun çözümü çocukta değil, bizzat yetişkinlerin kendi davranışlarını düzeltmesinde gizlidir.

Hiçbir çocuk anormal davranışlı bir ebeveynin yanında normal davranış edinemez.

Çocuğun yanında bulunan yetişkinin davranışları normalse çocuğun davranışları da normaldir. Normal davranış; doğal, yapmacık olmayan, çocuğa bir davranış kazandırmak için baskı ve zorlamalarda bulunmayan davranıştır.

Kaygılı, gergin, kendiyle barışık olmayan, asık suratlı, yasakçı ebeveynler kendilerini normalleştirmedikçe çocuk normal olmaz. Böylesi ebeveynler çocuklarıyla sürekli bir çatışma içindedirler...

Bundandır ki, çocuk eğitimini önemseyen bir yetişkin, çocuktan önce kendi davranışlarını düzene koymalıdır.

97

"TESİR SAHİBİ OLMAYAN EBEVEYN, ÇOCUK EĞİTİMİNDE ROL OYNAYAMAZ"

Bir ebeveynin sahip olabileceği en üstün özellik, çocuğuna tesir edebilmesidir. Zira ancak çocuğuna tesir edebilen ebeveynler onun terbiyesinde rol oynayabilirler.

Ahlaki sorunlu bütün çocukların en belirgin özelliği, anne baba tesirini yitirmiş olmalarıdır.

Kim kendini kimin yanında güvende hissediyorsa, güven hissi veren kişi, kendini güvende hisseden kişi üzerinde tesir sahibidir.

Ebeveynin çocuğuna tesiri, 'korku ve ürküntü' ile oluşmuş 'patolojik tesir' değil; çocuğun kendini emniyette hissetmesinden kaynaklanan, 'güven' ve 'emniyet' hissi ile oluşan tesirdir.

Birçok ebeveyn, çocuğunun üzerinde baskı oluşturarak ona tesir edeceğini düşünür... Bu bir yanılgıdır. Çocuk büyüyüp güç sahibi bir yetişkin olduğunda ilk yapacağı şey, korku ile teslim olduğu kişiden uzaklaşmak olacaktır.

98

"ÇOCUKLUK YILLARINDAN KALAN EN KÖKLÜ HİS, ÜRKÜNTÜDÜR"

Ürküntü; korkudan sonra kalan histir.

Bir durum karşısında aşırı korkan çocuğun benliğinde inceden bir his kalır. Bu his, o çocuğun bir daha böylesi bir korku yaşamaması için içsel savunma refleksine dönüşür. Ödevini yapmayan bir çocuğun babasının sinir krizi geçirip çocuğuna bağırması; çocukta bir korkuya sebep olduğu gibi, o korkunun derinliği, çocukta ürküntünün oluşmasına da yol açar. Çocuk artık babasından ürktüğü için ödevlerini yapsa da, kişilik gelişiminin en önemli unsuru olan 'güven' duygusunu yitirir. Zira ürküntü, güveni yıkar...

Çocuklukta kazanılan ürküntüler çoğu defa kalıcıdır. Bu çocuklar yetişkin olsalar da, içlerinde her an yine birileri tarafından terslenebileceği, azarlanabileceği hissiyle yaşarlar... Çekingen davranırlar... Çekingenliğin en belirgin sebebi, ürküntüdür...

Ebeveynler yanlış bir davranışla, istemeden de olsa çocuklarına bir korku anı yaşatmışlarsa kendilerini toparladıktan sonra, çocuğun içinde ürküntü oluşmaması için, çocuktan özür dilemeli, kendisinin yanlış bir şey yaptığını çocukla duygusal yakınlık kurarak paylaşmalıdır. Bu onarma yapılmadığında, yaşanmış korkunun ürküntüye dönüşmesi kaçınılmazdır...

99

"ÇOCUKLA İLETİŞİMDE 'VE', 'FAKAT', 'AMA' PEDAGOJİK OLARAK SAKINCALI KELİMELERDİR"

Çocukla iletişimde 'sadelik' esastır. Cümleler ne kadar kısa ve 'bağlaçsız' olursa iletişim de o kadar kaliteli olur.

'Ve' bir bağlaçtır... Bağlaçlı cümleler dikkat dağıtır. Örneğin "Bugün öğleden sonra çarşıya çıktım ve istediğin çorabı aldım," cümlesi çocuğun dikkatini dağıtır. Çocuğu "an'a odaklandırmak" için "Bugün öğleden sonra çarşıya çıktım. İstediğin çorabı aldım," denmelidir.

Ayrıca "fakat", "ama" kelimeleri de genellikle olumsuzluğu çağrıştırdığından ve an'dan uzaklaştırdığından pedagojik olarak sakıncalı kelimelerdir.

Örneğin bir annenin çocuğuna, "Dersini yaptın fakat biraz zorlandın galiba," diye hitap etmesi çocuğu "ödevi tamamlama" eylemine odaklamak yerine, zihni yorulma eylemine yönlendirdiği için pedagojik olarak yanlıştır.

Halbuki bu konuşmalar "an'a odaklayan" bir başka kalıpla da gerçekleşebilir...

O kalıp; "olsa da" kelime kalıbıdır.

Dersini tamamlamış çocuğa "Biraz zorlanmış 'olsan da' dersini tamamladın" denmesi yorulmaya değil, dersin tamamlanmış olmasına vurgu yaptığından dolayı 'pozitif' bir iletişimdir.

100

"BABANIN KARARLILIĞI, ANNENİN DUYARLILIĞINI KOLAYLAŞTIRIR"

Birçok baba, çocuğuna kararlı davranmak için, kızgın davranışlarda bulunur...

Kararlılık, çocuğa kızarak iş yaptırmak değil, tutarlı olmaktır...

Gereksiz yere çocuğu kısıtlamak değil, güvenli liman olmaktır...

Eşin çocukla bağlanması sırasında tükettiği enerjiyi kendisiyle yeniden doldurabilmesi demektir...

Çocukla ilişkide sınırsız taviz değil, ihtiyacın giderilmesinde denge kurmak demektir...

Eşinin fiziksel yorgunluğuna bir de kendini yüklemek değil, onun dinlenmesi için fırsat oluşturmak demektir...

Böyle bir kararlılık içindeki baba, anne çocuk ilişkisinin rahatlamasını sağlar...

Aksi halde, babanın tutarsızlığının faturası annenin duyarlılığını kaybetmesiyle ödenir.